FOURTH EDITION

Basics

of

Biblical

Greek

WORKBOOK

William D.
MOUNCE

 ZONDERVAN

Also by William D. Mounce

Basics of Biblical Greek Grammar

Basics of Biblical Greek Vocabulary Cards

Basics of Biblical Greek Audio

Biblical Greek: A Compact Guide

Biblical Greek Laminated Sheet

The Morphology of Biblical Greek

A Graded Reader of Biblical Greek

The Analytical Lexicon to the Greek New Testament

Greek for the Rest of Us: The Essentials of Biblical Greek

Greek for the Rest of Us: Get an A! Study Guide

Mounce's Complete Expository Dictionary of Old and New Testament Words

Interlinear for the Rest of Us: The Reverse Interlinear for New Testament Word Studies

The Zondervan Greek and English Interlinear New Testament (NASB/NIV)

The Zondervan Greek and English Interlinear New Testament (NIV/KJV)

The Zondervan Greek and English Interlinear New Testament (TNIV/NLT)

Pastoral Epistles (Word Biblical Commentary)

The Crossway Comprehensive Concordance of the Holy Bible: English Standard Version

ZONDERVAN

Basics of Biblical Greek Workbook
Copyright © 1993, 2003, 2009, 2019 by William D. Mounce

Requests for information should be addressed to:
Zondervan, *3900 Sparks Drive SE, Grand Rapids, Michigan 49546*

ISBN 978-0-310-53747-2

Editor: Verlyn D. Verbrugge and Christopher A. Beetham
Typeset: Teknia Software

Printed in the United States of America

18 19 20 21 22 23 24 25 26 27 28 29 30 31 32 / PHP / 25 24 23 22 21 20 19 18 17 16 15 14 13 12 11 10 9 8 7 6 5 4 3 2 1

Table of Contents

Verbs

Participles

Nonindicative Moods and μι Verbs

Optional Chapters

Preface

This is the companion volume to *Basics of Biblical Greek: Grammar*. Most chapters divide into six sections:

1. "Parsing" contains ten individual words to parse.

2. "Warm-up" contains short phrases that center on the grammar learned in the current chapter.

3. "Translation" gives you ten verses, usually from the New Testament. I trust that by translating the Bible from the first day, you will be encouraged. Any word you don't know is defined in the text in parentheses.

4. "Additional" gives you another ten sentences to translate. As a general rule, if you can translate these you are doing really well. Exercises 11 and 12 are made-up sentences by my friend and editor, Verlyn Verbrugge. I strongly encourage you to always do these two sentences as well. The last eight sentences are from a variety of sources, including the LXX, Apostolic Fathers, or my imagination. I single-spaced exercises 13 – 20 to save paper and because many teachers do not require students to do all the exercises.

    In sentences 11–15, if you don't know the word but could figure it out from its lexical form, its lexical form is given in the footnotes. If you can't figure out the word, its meaning is defined in the text in parentheses. In sentences 16–20 you are expected to use the lexicon. If the form is too difficult, or if the word is not in the lexicon, then I either give the lexical form in the footnotes or the meaning in the text in parentheses.

5. "Summary" covers new grammar learned inductively in the exercises.

6. The verse references to the biblical examples are listed in "References." Putting them here and not with the exercise helps you not think subconsciously about the verse in English. If the verse reference has a parenthesis around it, it means I altered the biblical passage a little. If there is a dash, one of my friends or I made it up.

There are two different ways to work through the textbook. Track One follows the normal order by covering the noun system and then moving on to verbs. Track Two allows you to cover some of the verbal system earlier. The chapters in the textbook are the same. A fuller discussion is in the textbook, page 91.

I would like to review a few suggestions I made in chapter 2 of the textbook, since they are so important.

1. Treat these exercises as if they were a test. Learn the chapter, and do the exercises without looking back. If you are stuck on a parsing or a verse, then move on. When you are done with the exercises, go back and review the textbook, and then come back and try to finish the exercises. If you do the exercises with the textbook open, flipping back and forth, you will not get a clear picture of what you know or don't know.

2. Remind yourself constantly why you are learning Greek. If you forget that you are trying to gain a facility in learning God's Word, you will most likely become discouraged.

3. Be consistent in your studying. You cannot learn Greek by cramming, unless you are an exceptional learner.

4. Work with someone. It is difficult to learn Greek on your own.

5. Pay close attention to the footnotes in the workbook. They will give you hints, fine-tune your grammar, and point out theologically interesting facts.

6. Have fun! Greek is a great language. Remember that. Don't lose sight of your goal. Laugh a lot. My second year Greek class was nicknamed "The Zoo." It was a great class, and I have always tried to maintain that same combination of levity and seriousness in my own classes; it works.

A special thanks to Verlyn Verbrugge, Matthew Smith, Juan Hernández Jr., Glen Riddle, Jonathan Pennington, and Hauna Ondrey for their help.

Bill Mounce

Abbreviations

Fanning   *Verbal Aspect in New Testament Greek*, Buist M. Fanning (Clarendon, 1990)
Metzger   *Lexical Aids for Students of New Testament Greek*, Bruce M. Metzger (Baker, 1997)
Mounce   *A Graded Reader of Biblical Greek,* William D. Mounce (Zondervan, 1996)
Wallace   *Greek Grammar Beyond the Basics,* Daniel B. Wallace (Zondervan, 1996)

The Greek Old Testament

Gen	Genesis	1 Esdr	1 Esdras
Ex	Exodus	Tob	Tobit
Lev	Leviticus	1 Mac	1 Maccabees
Num	Numbers	2 Mac	2 Maccabees
Deut	Deuteronomy	Ps	Psalms
Josh	Joshua	Ode	Odes of Solomon
Judg	Judges	Eccl	Ecclesiastes
Ruth	Ruth	Wsd	Wisdom of Solomon
1 Sam	1 Samuel	PsSol	Psalms of Solomon
1 Kgs	1 Kings	Is	Isaiah
2 Kgs	2 Kings	Jer	Jeremiah
1 Chr	1 Chronicles	Dan	Daniel

The New Testament

Mt	Matthew	1 Tim	1 Timothy
Mk	Mark	2 Tim	2 Timothy
Lk	Luke	Ti	Titus
Jn	John	Phlm	Philemon
Ac	Acts	Heb	Hebrews
Rom	Romans	Jas	James
1 Cor	1 Corinthians	1 Pt	1 Peter
2 Cor	2 Corinthians	2 Pt	2 Peter
Gal	Galatians	1 Jn	1 John
Eph	Ephesians	2 Jn	2 John
Phil	Philippians	3 Jn	3 John
Col	Colossians	Jude	Jude
1 Th	1 Thessalonians	Rev	Revelation
2 Th	2 Thessalonians		

Early Christian Literature

1 Clem	1 Clement	IRom	Ignatius to the Romans
2 Clem	2 Clement	Barn	Barnabas
IMag	Ignatius to the Magnesians	Shep	Shepherd of Hermas
IPhil	Ignatius to the Philadelphians		

General

NIV	New International Version (2011)	p.	page
LXX	Septuagint	pp.	pages
A	Codex Alexandrinus	f.	one following verse
𝔐	Majority Text	ff.	more than one following verse

Exercise 3

The Alphabet and Pronunciation

Write out and pronounce the Greek letters of the alphabet several times. It is essential to learn how to recognize, write, and pronounce each letter. You cannot continue until you have done so.

α

β

γ

δ

ε

ζ

η

θ

ι

κ

λ

μ

ν

ξ

ο

π

ρ

σ

ς

τ

υ

φ

χ

ψ

ω

Grammar

1. What are the seven vowels?

    a.

    b.

    c.

    d.

    e.

    f.

    g.

2. When do you find the two different forms of sigma?

    a.

    b.

3. What are the two breathing marks, and when do you find them?

    a.

    b.

4. How does the iota subscript affect pronunciation?

5. When is the diaeresis used?

Exercise 4

Syllabification

Divide the following words into syllables. If you are learning the rules, indicate which ones apply.

1. ἀμήν

2. γραφή

3. ἔσχατος

4. καρδία

5. πνεῦμα

6. προφήτης

7. σάββατον

8. ἄγγελος

9. ἄνθρωπος

10. περιπατέω

Reading

I cannot stress enough how important it is to learn to pronounce the language. After years of teaching Greek I assure you that if you do not learn to pronounce it, you will never master the language. For now, as you are reading, do not worry about the meaning of the words.

Practice reading the following passage over and over and over. Read it out loud until you can read it correctly in under fifteen minutes. You can hear me read the passage on the website at http://BillMounce.com/biblicalgreek/chapter4/exercises).

ΙΩΑΝΝΟΥ Α 1:5-2:5

1:5 καὶ ἔστιν αὕτη ἡ ἀγγελία ἣν ἀκηκόαμεν ἀπ᾽ αὐτοῦ καὶ

ἀναγγέλλομεν ὑμῖν, ὅτι ὁ θεὸς φῶς ἐστιν καὶ σκοτία ἐν αὐτῷ οὐκ

ἔστιν οὐδεμία. **1:6** ἐὰν εἴπωμεν ὅτι κοινωνίαν ἔχομεν μετ᾽ αὐτοῦ

καὶ ἐν τῷ σκότει περιπατῶμεν, ψευδόμεθα καὶ οὐ ποιοῦμεν τὴν

ἀλήθειαν· **1:7** ἐὰν δὲ ἐν τῷ φωτὶ περιπατῶμεν ὡς αὐτός ἐστιν ἐν τῷ

φωτί, κοινωνίαν ἔχομεν μετ᾽ ἀλλήλων καὶ τὸ αἷμα Ἰησοῦ τοῦ υἱοῦ

αὐτοῦ καθαρίζει ἡμᾶς ἀπὸ πάσης ἁμαρτίας. **1:8** ἐὰν εἴπωμεν ὅτι

ἁμαρτίαν οὐκ ἔχομεν, ἑαυτοὺς πλανῶμεν καὶ ἡ ἀλήθεια οὐκ ἔστιν

ἐν ἡμῖν. **1:9** ἐὰν ὁμολογῶμεν τὰς ἁμαρτίας ἡμῶν, πιστός ἐστιν καὶ

δίκαιος, ἵνα ἀφῇ ἡμῖν τὰς ἁμαρτίας καὶ καθαρίσῃ ἡμᾶς ἀπὸ πάσης

ἀδικίας. **1:10** ἐὰν εἴπωμεν ὅτι οὐχ ἡμαρτήκαμεν, ψεύστην ποιοῦμεν

αὐτὸν καὶ ὁ λόγος αὐτοῦ οὐκ ἔστιν ἐν ἡμῖν.

2:1 τεκνία μου, ταῦτα γράφω ὑμῖν ἵνα μὴ ἁμάρτητε. καὶ ἐάν τις ἁμάρτῃ, παράκλητον ἔχομεν πρὸς τὸν πατέρα Ἰησοῦν Χριστὸν δίκαιον· 2:2 καὶ αὐτὸς ἱλασμός ἐστιν περὶ τῶν ἁμαρτιῶν ἡμῶν, οὐ περὶ τῶν ἡμετέρων δὲ μόνον ἀλλὰ καὶ περὶ ὅλου τοῦ κόσμου.

2:3 καὶ ἐν τούτῳ γινώσκομεν ὅτι ἐγνώκαμεν αὐτόν, ἐὰν τὰς ἐντολὰς αὐτοῦ τηρῶμεν.

2:4 ὁ λέγων ὅτι ἔγνωκα αὐτὸν καὶ τὰς ἐντολὰς αὐτοῦ μὴ τηρῶν ψεύστης ἐστὶν, καὶ ἐν τούτῳ ἡ ἀλήθεια οὐκ ἔστιν· 2:5 ὃς δ᾽ ἂν τηρῇ αὐτοῦ τὸν λόγον, ἀληθῶς ἐν τούτῳ ἡ ἀγάπη τοῦ θεοῦ τετελείωται· ἐν τούτῳ γινώσκομεν ὅτι ἐν αὐτῷ ἐσμεν. 2:6 ὁ λέγων ἐν αὐτῷ μένειν ὀφείλει, καθὼς ἐκεῖνος περιεπάτησεν καὶ αὐτὸς οὕτως περιπατεῖν.

ΗΡΩΔΗΣ ΜΟΝΙ-

ΜΟΥ ΚΑΙ ΙΟΥΣΤΟΣ

ΥΙΟΣ ΑΜΑ ΤΟΙΣ

ΤΕΚΝΟΙΣ ΕΚΤΙ-

ΣΑΝ

ΤΟΝ ΚΙΟΝΑ

This inscription is on a column in the synagogue in Capernaum. The synagogue was built on top of a first century synagogue. The inscription reads, Ἡρώδης Μονίμου καὶ Ἰοῦστος υἱὸς ἅμα τοῖς τέκνοις ἔκτισαν τὸν κίονα, of course without the accents. It means, "Herod (the son) of Monimos and Justos (his) son together with their children erected this column."

Chapters 1–4

Introduction

The review gives you the opportunity to evaluate your performance to this point. Treat it like a test.

Definitions

1. What is a gamma nasal, and how is it pronounced?

2. What is a diphthong?

3. What is an improper diphthong?

4. Describe when an apostrophe is used.

Exercises

5. Write out the alphabet.

6. How are the two sigmas used in one word?

7.   Give an example of a smooth breathing mark and a rough breathing mark.

8.   Punctuation Marks. Match the Greek punctuation mark with its function.

     a.   ,   semicolon

     b.   .   question mark

     c.   ˙ (above line)   comma

     d.   ;   period

9.   Accents. Match the appropriate accent mark with its proper name.

     a.   ~   acute

     b.   ´   grave

     c.   `   circumflex

10. How does an accent affect a translation?

11. Syllabification. Divide the following words into syllables.

     a.   διδάσκων   _____

     b.   διαμαρτυρόμενος   _____

     c.   ἄνθρωπος   _____

     d.   λέγοντες   _____

     e.   βάλλω   _____

Exercise 6

Nominative and Accusative; Article

Suggestions

As I said in the preface, treat these exercises as though they were a test. In other words, do not keep looking back for the answers in the textbook. Learn the chapter and do the exercises. If you are not able to do all the exercises, go back, review the chapter, and redo the exercises.

Write your vocabulary words on flash cards and go through them a couple of times before doing the exercises.

Do not get frustrated because you do not know all the words in the exercises. One of the problems in introducing you to the New Testament this early is that there are things you just do not know. Because I want to give you the satisfaction of actually applying what you are learning by translating from the New Testament, I have given you the helps needed to translate each verse. So enjoy the fact that you are actually translating from Scripture, and remember that as time goes on you will need less help.

Part of my hybrid deductive/inductive methodology is to fine-tune your knowledge of Greek by teaching you points of grammar as you meet them in the exercises. So please pay close attention to the footnotes in the workbook.

Parsing

Be sure to identify the word's stem and the case ending of each word. "(2x)" means there are two possibilities.

	Inflected	Case	Number	Gender	Lexical form	Inflected meaning
1.	ἄνθρωπον					
2.	ὧραι					
3.	τήν					
4.	βασιλείας					
5.	θεοί					
6.	τό (2x)					
7.	λόγους					
8.	καιροί					
9.	τάς					
10.	Χριστόν					

Warm-up

The warm-up exercises are short phrases that center in on the grammar you learned in the current chapter. They will not necessarily make a great deal of sense, and they are not always from the Bible. As you have learned, the verb contains its own subject. The verb λέγει means "he says," "she says," or "it says," depending on the gender required by the context. In our exercises, if a verb is third person singular, its definition is listed like this: ἐδίδασκεν (he/she/it was teaching). It is up to your understanding of the context to decide on the correct gender. This is true whether the subject is expressed or implied in the verb.

α. ἡ ὥρα ἔρχεται (he/she/it comes).

β. ἀγαπῶσι (they love) δὲ τὸν[1] θεόν.

γ. ἔσωσεν (he/she/it saved) αὐτὸς ἄλλους.

δ. βλέπω (I see)[2] νῦν τὸν Ἰησοῦν καὶ τοὺς ἀποστόλους.

ε. ἡ ἀγάπη μακροθυμεῖ (he/she/it is patient).

ζ. ἐγὼ γινώσκω (I know) ὅτι τὸ ἔργον τετέλεσται (he/she/it is finished).

η. ἐποίησε (he/she/it made) ὁ λόγος τὸν κόσμον.

Translation

The definition of any word that you do not know (except proper names and places) is listed after the Greek word in parentheses. I don't define the same word twice in the same verse. If you do not understand the form of the Greek word I have defined, and many times you will not, do not worry about it. The day's own trouble is sufficient. If two or more words that you do not know occur together, their meaning is given in the footnotes.

Remember to divide the sentence into its parts and to identify the subject, verb, and direct object (if any). Because you are just starting to read biblical Greek, I can only show you bits and pieces of verses. In a few chapters the sentences will be fuller and make better sense.

1. ἀποστέλλω (I send) τὸν ἄγγελον.

2. αὐτοὶ τὸν θεὸν ὄψονται (they will see).

3. ἐδίδασκεν (he/she/it was teaching) αὐτούς.

---

[1] Do you remember what I said in the textbook about the article and the word θεός?

[2] Hint: There is no expressed subject; it must be supplied from the verb.

4. διώκετε (pursue!) τὴν ἀγάπην.

5. ἐραυνᾶτε (you search)[3] τὰς γραφάς.

6. πεπλήρωται (he/she/it has come) ὁ καιρὸς καὶ ἤγγικεν (he/she/it has drawn near) ἡ βασιλεία.

7. ἐτέλεσεν (he/she/it finished) ὁ Χριστός τοὺς λόγους.

8. τὸ σάββατον διὰ (for) τὸν ἄνθρωπον ἐγένετο (he/she/it was made) καὶ οὐχ ὁ ἄνθρωπος[4] διὰ τὸ σάββατον.

9. καὶ ἀπέστειλεν (he/she/it sent) αὐτοὺς κηρύσσειν (to preach) τὴν βασιλείαν τοῦ θεοῦ.[5]

10. καὶ νῦν ἡ βασιλεία σου (your) οὐ στήσεται (he/she/it will continue).

Additional

The first two exercises in this section are made-up. I am leaving extra space because I think it is important that you translate them. The next three exercises are either made up or are from another source such as the Septuagint or Didache. I want you to work with some sentences whose English translations you probably don't know. The last five exercises are usually biblical verses, but the difference is that the helps I normally

---

[3] ἐραυνᾶτε could either be in the indicative mood stating a fact, or in the imperative mood stating a command, Search!

[4] Notice that there is no verb in the second half of this verse. When a Greek sentence is composed of two parallel ideas, verb(s) (and sometimes other words) from the first half are often unexpressed but assumed in the second half.

[5] τοῦ θεοῦ means of God.

provide are absent. There will also be words you do not know; I want you to learn how to use the lexicon in the textbook. If the Greek word is too difficult to figure out, I will provide the necessary hints.

11. ὁ δὲ Παῦλος ἔφη (he/she/it said), ἔπεμψα (I sent) ἄλλους ἀποστόλους.

12. τὸν Χριστὸν πιστεύουσιν (they believe) οἱ ἄνθρωποι ὅτι γινώσκουσι (they know) τὴν ἀγάπην

     αὐτοῦ (his).

13. Λαμὲχ δέ εἶπεν τοὺς λόγους.

14. καὶ ἤρεσαν (they pleased) οἱ λόγοι τὸν Πιλᾶτον.

15. τὰ σάββατα φυλάξεσθε (you will keep).

16. τὰ ἔργα τοῦ θεοῦ αὐτοὶ πιστεύουσι (they believe).

17. κύριον καὶ χριστὸν ἐποίησεν (he/she/it made) ὁ θεός αὐτόν.

18. τὸ φῶς ἐλήλυθεν (he/she/it came) εἰς τὸν κόσμον καὶ ἠγάπησαν (they loved) οἱ ἄνθρωποι μᾶλλον τὸ σκότος ἢ τὸ φῶς.

19. καὶ ἐκρίνοσαν (they judged) τὸν λαὸν πᾶσαν (every) ὥραν.

20. καὶ αὐτοὶ ἦραν (they lifted up) τὰς φωνάς αὐτῶν (their).

Summary

The Summary section covers what you learned inductively in the first twelve exercises and the footnotes.

1. When a Greek sentence is composed of two parallel ideas, verb(s) from the first half are often unexpressed but assumed in the second half.

References

A "—" means the exercise is made up. If I altered an actual verse, its reference is enclosed in parentheses.

α. —; β. —; γ. —; δ. —; ε. —; ζ. —; η —; **1**. Mk 1:2; **2**. Mt 5:8; **3**. Mk 2:13; **4**. 1 Cor 14:1; **5**. Jn 5:39; **6**. Mk 1:15; **7**. (Mt 7:28); **8**. Mk 2:27; **9**. Lk 9:2; **10**. 1 Sam 13:14; **11**. —; **12**. —; **13**. (Gen 4:23); **14**. —; **15**. (Ex 31:13); **16**. —; **17**. (Ac 2:36); **18**. Jn 3:19; **19**. Ex 18:26; **20**. (Lk 17:13).

Exercise 7

Genitive and Dative

Parsing

	Inflected	Case	Number	Gender	Lexical form	Inflected meaning
1.	ἀγάπη					
2.	κυρίοις					
3.	ἁμαρτιῶν					
4.	τούς					
5.	ἀνθρώπῳ					
6.	υἱούς					
7.	λόγου					
8.	τά (2x)					
9.	αὐτοῖς (2x)					
10.	βασιλείας (2x)					

Write Out the Forms of the Article

	masc	fem	neut
nom sg			
gen sg			
dat sg			
acc sg			

	masc	fem	neut
nom pl			
gen pl			
dat pl			
acc pl			

Warm-up

α. ἄγγελος κυρίου

β. φωνὴν ἀγγέλων

γ. ἡ ἀγάπη τοῦ Χριστοῦ

δ. ταῖς ἁμαρτίαις τοῦ καιροῦ

ε. φωνὴ θεοῦ καὶ οὐκ ἀνθρώπου

ζ. ὁ κύριος τοῦ οὐρανοῦ

η. ὄψεσθε (you will see) τὴν δόξαν κυρίου.

Translation

1. εἶπεν αὐτοῖς ὁ Ἰησοῦς.

2. ἐλάλει (he/she/it was speaking) αὐτοῖς τὸν λόγον.

3. τὴν ἀγάπην τοῦ θεοῦ οὐκ[1] ἔχετε (you have).

4. ἐπιμένωμεν (we should continue) τῇ ἁμαρτίᾳ;

5. ἀποστελεῖ (he/she/it will send) ὁ υἱὸς τοῦ ἀνθρώπου τοὺς ἀγγέλους αὐτοῦ.

---

[1] When the Greek sentence has a negation, you normally will have to add "do" or "did" to make your translation proper English. "Do" is present tense; "did" is past. Let context determine which is appropriate.

6. ἤγγικεν (he/she/it has drawn near) γὰρ ἡ βασιλεία τῶν οὐρανῶν.[2]

7. ἐπίστευσεν[3] ὁ ἄνθρωπος τῷ λόγῳ.

8. γνωρισθῇ (he/she/it might be made known) νῦν ταῖς ἀρχαῖς καὶ ταῖς ἐξουσίαις.

9. ἡ ἀγάπη τοῦ θεοῦ ἐκκέχυται (he/she/it has been poured) ἐν ταῖς καρδίαις ἡμῶν (our).

10. [4] ἀρχὴ τοῦ εὐαγγελίου Ἰησοῦ Χριστοῦ [[5]υἱοῦ[6] θεοῦ].

---

[2] As I said in the Vocabulary section in the grammar, this word sometimes occurs in the plural, but it is preferable to translate it as a singular in English.

[3] "He/she/it believed." This particular verb often takes its direct object in the dative, and therefore you would not use the key word, in this case, with τῷ λόγῳ.

[4] It is typical for the article to be dropped from titles, salutations, well-known phrases, etc. This first verse functions as the title to the Gospel and is not a complete sentence.

[5] Square brackets are the editors' way of telling us that there is some uncertainty as to whether the enclosed words are authentic, i.e., original. This should raise the issue of "textual criticism," and your teacher will, sometime, tell you about it.

[6] υἱοῦ is said to be in *apposition* to Ἰησοῦ Χριστοῦ. This is a common construction in Greek and should be learned well.

   When a noun (or phrase) is used to further clarify the meaning of a previous word, that noun can be put in the same number and case as the word it is describing. Alternatively, it can be placed in the genitive case (which is called a *genitive of apposition*).

   An easy way to translate an appositional phrase is to put commas before it, or a comma and "namely."

Additional

11. ἐξουσίαν ἔχει (he/she/it has) ὁ υἱὸς τοῦ ἀνθρώπου ἀφιέναι (to forgive) ἁμαρτίας.

12. ἡ ἀγάπη γὰρ τοῦ θεοῦ διδάσκει (he/she/it teaches) τὴν ἐξουσίαν τοῦ κυριοῦ.

13. αἱ ἀρχαὶ τοῦ Ἰσραὴλ οὐκ ἐπίστευσαν (they believed) ὅτι ὁ Ἰησοῦς μισεῖ (he/she/it hates) τὰς ἁμαρτίας.

14. ὁ δὲ λόγος τοῦ Ἰησοῦ ἔχει (he/she/it has) ἐξουσίαν ὅτι ὁ θεὸς ἦν (he/she/it was) ἐν τῇ ἀρχῇ τοῦ κοσμοῦ.

15. ἐγὼ ποιῶ (I do) τὸ ἔργον τοῦ ἀγγέλου αὐτὸς δὲ ἔχει (he/she/it has) τὴν δόξαν τοῦ θεοῦ.

16. οἱ δὲ υἱοὶ τῆς βασιλείας ἐκβληθήσονται (they will be thrown) εἰς τὸ σκότος.

17. εἶπεν αὐτῷ, ἐν ἁμαρτίαις σὺ ἐγεννήθης (you were born).

18. λατρεύω (I serve) τὸν θεὸν ὅτι ἐγὼ πιστεύω τῷ εὐαγγελίῳ τοῦ υἱοῦ αὐτοῦ.

19. καὶ σὺ εἰσακούσῃ (you will hear) καὶ ἵλεως (merciful) ἔσῃ (you will be) ταῖς ἁμαρτίαις τοῦ λαοῦ τοῦ Ἰσραὴλ καὶ οἴσετε (you will bring) αὐτοὺς εἰς τὴν γῆν.

20. αὐτὴ εἶπεν τῷ Ἰησοῦ ὅτι οὗτοι ὀργίζουσι (they are angry) τῇ βασιλείᾳ τῶν ἀνθρώπων.

Summary

1. You can add "do" or "did" to your translation if necessary, such as when you are translating a negation.

2. Some verbs take their direct object in the dative, and a few even in the genitive. Do not use the key word associated with the genitive or dative in this situation.

3. Articles can be dropped in the Greek of titles, salutations, and well-known phrases.

4. Square brackets mark text whose authenticity is questioned.

5. *Apposition* is a construction that allows the author to use one noun to define another. The noun that is in apposition will either be in the same case and number as the word to which it is in apposition, or it will be in the genitive regardless of the case of the other noun. You can translate the noun by preceding it with a comma, or with "namely."

References

α. Mt 1:20; β. Rev 5:11; γ. (2 Cor 5:14); δ. —; ε. (Ac 12:22); ζ. —; η. Ex 16:7; **1.** Mk 1:17; **2.** Mk 2:2; **3.** Jn 5:42; **4.** Rom 6:1; **5.** Mt 13:41; **6.** Mt 3:2; **7.** Jn 4:50; **8.** Eph 3:10; **9.** Rom 5:5; **10.** Mk 1:1; **11.** Mk 2:10; **12.** —; **13.** —; **14.** —; **15.** —; **16.** Mt 8:12; **17.** (Jn 9:34); **18.** —; **19.** (1 Kgs 8:34); **20.** —.

Exercise 8

Prepositions and εἰμί

Parsing

You may want to think of what preposition would use the following forms as its object.

	Inflected	Case	Number	Gender	Lexical form	Inflected meaning
1.	ἡμέρᾳ					
2.	θάλασσαν					
3.	παραβολαῖς					
4.	ἁμαρτιῶν					
5.	θανάτῳ					
6.	υἱούς					
7.	ἐξουσίαν					
8.	οὐρανῶν					
9.	οἴκου					
10.	ὄχλοι					

Warm-up

α. ἐν τῷ εὐαγγελίῳ

β. εἰς τὴν οἰκίαν

γ. μετὰ τοῦ Ἰωάννου

δ. καὶ ἦν κύριος μετὰ Ἰωσήφ.

ε. οὗτός ἐστιν ὁ υἱὸς τοῦ θεοῦ.

ζ. θεοί ἐστε.

η. ὁ θεὸς ἀγάπη ἐστίν.

Translation

Identify each preposition, the object of each preposition, and what word the prepositional phrase modifies.

1. ἔρχεται (he/she/it comes) εἰς οἶκον.

2. ἐξῆλθεν (he/she/it came out) ἐξ[1] αὐτοῦ.

3. δόξαν παρὰ ἀνθρώπων οὐ λαμβάνω (I receive).

4. ἐλάλησεν (he/she/it spoke) ὁ Ἰησοῦς ἐν παραβολαῖς τοῖς ὄχλοις.

5. καὶ ἐβαπτίζοντο (they were being baptized) ὑπ' αὐτοῦ[2] ἐν τῷ Ἰορδάνῃ.

6. [3] κύριός ἐστιν ὁ υἱὸς τοῦ ἀνθρώπου καὶ τοῦ σαββάτου.

---

[1] Notice the repetition of the preposition following the compound verb. This is considered good Greek, but in your translation you would not repeat the preposition.

[2] αὐτοῦ means "his" when it is showing possession. When it is the object of a preposition it means "him."

[3] Hint: What is the subject and what is the predicate in this verse?

   Hint: καί has more than one meaning. Do not assume it must mean "and" here.

7. καὶ ἐγένετο (he/she/it came to pass that) ἐν ἐκείναις⁴ ταῖς ἡμέραις ἦλθεν (he/she/it went) Ἰησοῦς ἀπὸ Ναζαρὲτ τῆς Γαλιλαίας καὶ ἐβαπτίσθη (he/she/it was baptized) εἰς τὸν Ἰορδάνην ὑπὸ Ἰωάννου.

8. ⁵ ὁ θεός ἀγάπη ἐστίν, καὶ ὁ μένων (one remaining) ἐν τῇ ἀγάπῃ ἐν τῷ θεῷ μένει (he/she/it remains) καί ὁ θεός ἐν αὐτῷ μένει.

9. καὶ ἔλεγεν (he/she/it was saying) αὐτοῖς, τὸ σάββατον διὰ⁶ τὸν ἄνθρωπον ἐγένετο (he/she/it was made) καὶ οὐχ ὁ ἄνθρωπος διὰ τὸ σάββατον.

10. καὶ ὁ Ἰησοῦς μετὰ τῶν μαθητῶν (disciples) αὐτοῦ ἀνεχώρησεν (he/she/it withdrew) πρὸς τὴν θάλασσαν.

Additional

11. ὁ Ἰωάννης καὶ ὁ Πέτρος εἰσὶν μετὰ τοῦ Ἰησοῦ ἐν τῷ οἴκῳ τοῦ κυρίου.

---

⁴ "Those," modifying ἡμέραις.

⁵ Hint: How many complete thoughts are there in this verse? Divide it into its parts. Also, the subject of μένει is a phrase, not an individual word.

⁶ The definition of διά with the accusative is "on account of." As is true of all the prepositions, this is only a basic definition, one that can be colored by the needs of the context. What is another English preposition that means the same thing as "on account of" and yet makes a better translation? As you become more comfortable with translating Greek, you will enjoy this kind of flexibility in your translating.

12. ἀλλ᾽ οἱ ὄχλοι ἐπορεύθησαν (they traveled) πρὸς τὸν Ἰησοῦν ἀπὸ τῆς θαλάσσης τῆς Γαλιλαίας.

13. καὶ εἶπεν ὁ θεὸς τῷ Νῶε καὶ τοῖς υἱοῖς αὐτοῦ μετ᾽ αὐτοῦ ...

14. μετὰ δὲ τὰς ἡμέρας τὰς πολλὰς[7] ... ἐτελεύτησεν (he/she/it died) ὁ βασιλεὺς (king) Αἰγύπτου καὶ κατεστέναξαν (they groaned) οἱ υἱοὶ Ἰσραὴλ ἀπὸ τῶν ἔργων καὶ ἀνεβόησαν (they cried out) ... πρὸς τὸν θεὸν ἀπὸ[8] τῶν ἔργων.

15. καὶ ἐκάλεσεν (he/she/it called out to) αὐτὸν ἄγγελος κυρίου ἐκ τοῦ οὐρανοῦ καὶ εἶπεν αὐτῷ, Ἀβραάμ, Ἀβραάμ. ὁ δὲ εἶπεν, ἰδοὺ (behold) ἐγώ.

16. οὐ γὰρ ἀπέστειλεν (he/she/it sent) ὁ θεὸς τὸν[9] υἱὸν εἰς τὸν κόσμον ἵνα κρίνῃ (he/she/it might condemn) τὸν κόσμον, ἀλλ᾽ ἵνα σωθῇ (he/she/it might be saved) ὁ κόσμος δι᾽ αὐτοῦ.

17. μεταβέβηκεν (he/she/it has been transformed) ἐκ τοῦ θανάτου εἰς τὴν ζωήν.

18. πιστεύετε (believe[10]) εἰς τὸν θεὸν καὶ εἰς ἐμὲ (me) πιστεύετε.

19. σὺ εἶ ὁ Χριστὸς ὁ υἱὸς[11] τοῦ εὐλογητοῦ (Blessed);

20. ἐξῆρεν (he/she/it took) δὲ Μωϋσῆς τοὺς υἱοὺς Ἰσραὴλ ἀπὸ θαλάσσης ἐρυθρᾶς (of red) καὶ ἤγαγεν (he/she/it led) αὐτοὺς εἰς τὴν ἔρημον Σούρ.[12]

Summary

1. Greek style liked to repeat the preposition of a compound verb after the verb. English doesn't.

2. Greek and English are not codes; there is not an exact one-for-one equivalence. This is especially true in vocabulary, and especially with prepositions.

References

α. Mk 1:15; β. Mt 2:11; γ. —; δ. Gen 39:2; ε. Jn 1:34; ζ. Jn 10:34; η. 1 Jn 4:8; **1**. Mk 3:20; **2**. Mk 1:26; **3**. Jn 5:41; **4**. Mt 13:34; **5**. Mk 1:5; **6**. Mk 2:28; **7**. Mk 1:9; **8**. 1 Jn 4:16; **9**. Mk 2:27; **10**. Mk 3:7; **11**. —; **12**. —; **13**. Gen 9:8; **14**. Ex 2:23; **15**. Gen 22:11; **16**. Jn 3:17; **17**. Jn 5:24; **18**. Jn 14:1; **19**. Mk 14:61; **20**. Ex 15:22.

---

[7] τὰς πολλὰς modifies ἡμέρας and means "many."

[8] You can translate this ἀπό as "because of."

[9] While I have said that this word is the "article" and is translated as "the," you are starting to see that it has a much wider range of meaning. Among other meanings, the word can be translated as a personal pronoun, in this case "his."

[10] πιστεύετε can be either a command or a question. (In either case, the subject would be "you.") Both forms in Greek look the same. What do you think best fits this context? Remember, you can ignore the presence, or absence, of punctuation.

As you will quickly see, Greek does not always answer all your questions. But it does show the range of possible interpretations, and from there context helps you make the final decision.

[11] Why is this word in the nominative?

[12] Many proper names are not declined, but context generally clarifies their case.

Adjectives

Parsing

Because you are not parsing in context but looking at words in isolation, some inflected forms could be more than one gender. Pick just one. I will not include the normal "(2x)" with adjectives.

	Inflected	Case	Number	Gender	Lexical form	Inflected meaning
1.	ἀγαθῶν					
2.	πιστάς					
3.	κακῷ					
4.	νεκρόν					
5.	ἐσχάτους					
6.	κόσμου					
7.	ἐντολαῖς					
8.	ἐμά					
9.	πρώτη					
10.	ἀλλήλας					

Warm-up

α. ὁ πιστὸς δοῦλος

β. τῇ τρίτῃ ἡμέρᾳ

γ. τὸν υἱὸν τὸν ἀγαπητόν

δ. τοῖς υἱοῖς τῷ πονηροῖς

ε. υἱὸν ἀγαπητόν

ζ. τὸν λόγον τὸν ἐμόν

η. πιστὸς δὲ ὁ θεός.

Translation

1. ὁ λόγος … κρινεῖ (he/she/it will judge) αὐτὸν ἐν τῇ ἐσχάτῃ ἡμέρᾳ.

2. [1] ἦν δὲ ὥρα τρίτη καὶ ἐσταύρωσαν (they crucified) αὐτόν.

3. ὁ πατὴρ (father) ἐγείρει (he/she/it raises) τοὺς νεκρούς.

4. [2] ὁ θεωρῶν (one who sees) τὸν υἱὸν καὶ πιστεύων (who believes) εἰς αὐτὸν ἔχῃ (he/she/it has) ζωὴν αἰώνιον, καὶ ἀναστήσω (I will raise) αὐτὸν ἐγὼ [ἐν] τῇ ἐσχάτῃ ἡμέρᾳ.

5. μὴ νικῶ (be conquered!) ὑπὸ τοῦ κακοῦ, ἀλλὰ νίκα (conquer!) ἐν[3] τῷ ἀγαθῷ τὸ κακόν.

6. ἔσονται[4] οἱ ἔσχατοι πρῶτοι καὶ οἱ πρῶτοι ἔσχατοι.[5]

---

[1] Hint: What is the subject?

[2] Hint: Identify the main verb and subjects.

[3] ἐν has meanings other than "in." One of its uses is to indicate the means by which an action is accomplished. When used this way it can be translated as "with."

[4] "They will be." A form of εἰμί.

[5] Hint: The verb has been omitted from the second half of the verse.

7. ῥύσεταί (he/she/it will rescue) με[6] ὁ κύριος ἀπὸ παντὸς[7] ἔργου πονηροῦ καὶ σώσει (he/she/it will

   save)[8] εἰς τὴν βασιλείαν αὐτοῦ τὴν[9] ἐπουράνιον.[10]

8. μείνατε (remain!) ἐν τῇ ἀγάπῃ τῇ ἐμῇ. ἐὰν τὰς ἐντολάς μου τηρήσητε (you keep), μενεῖτε (you will

   remain) ἐν τῇ ἀγάπῃ μου, καθὼς ἐγὼ τὰς ἐντολὰς τοῦ πατρός (father) μου τετήρηκα (I have kept)

   καὶ μένω (I remain) αὐτοῦ[11] ἐν τῇ ἀγάπῃ.... αὕτη ἐστὶν ἡ ἐντολὴ ἡ ἐμή, ἵνα ἀγαπᾶτε (you love)

   ἀλλήλους καθὼς ἠγάπησα (I loved) ὑμᾶς (you).

9. αὐτοῦ[12] γάρ ἐσμεν ποίημα (workmanship), κτισθέντες (created) ἐν Χριστῷ Ἰησοῦ ἐπὶ (for) ἔργοις

   ἀγαθοῖς οἷς[13] προητοίμασεν (he/she/it prepared beforehand) ὁ θεός, ἵνα ἐν αὐτοῖς περιπατήσωμεν

   (we might walk).

---

[6] This is the accusative form of ἐγώ.

[7] This word is in the genitive and means "every."

[8] What word has been omitted, being assumed from the first half of the sentence?

[9] Notice that the article is placing ἐπουράνιον in an attributive position, even though there is a word (αὐτοῦ) between it and the word it modifies (βασιλείαν).

[10] "Heavenly." Even though it may not look like it, this is a feminine word, which explains the gender of the article.

[11] Although the possessive αὐτοῦ normally follows the word it modifies, it can also precede the word it modifies.

[12] What does Paul's placement of αὐτοῦ at the beginning of the verse tell you about the emphasis of the verse?

[13] "Which." Do not use the key word in translating this word. I will explain why in chapter 14.

10. ὁ ἀγαθὸς ἄνθρωπος ἐκ τοῦ ἀγαθοῦ θησαυροῦ (treasure) ἐκβάλλει (he/she/it brings out) ἀγαθά, καὶ

    ὁ πονηρὸς ἄνθρωπος ἐκ τοῦ πονηροῦ θησαυροῦ ἐκβάλλει πονηρά.

Additional

11. ὁ δὲ Ἰησοῦς ἀπεκρίθη τῷ δούλῳ, αἱ ἐντολαὶ τοῦ θεοῦ πισταὶ καὶ ἀγαθαί, οὐ κακαί.

12. ἐν τῇ τρίτῃ ἡμέρᾳ οἱ πονηροὶ ἐξῆλθον (they went out) ἐκ τοῦ οἴκου τοῦ θεοῦ.

13. οἱ ὀφθαλμοί[14] μου ἐπὶ τοὺς πιστούς.

14. ἐν τοῖς λόγοις Δαυὶδ[15] τοῖς ἐσχάτοις ἐστὶν ὁ ἀριθμὸς[16] υἱῶν Λευὶ[17] ἀπὸ εἰκοσαετοῦς (twenty years old) καὶ ἐπάνω (above).

15. νῦν γὰρ ἔγνων (I know) ὅτι φοβῇ (you fear) τὸν θεὸν σὺ καὶ οὐκ ἐφείσω[18] τοῦ υἱοῦ σου τοῦ ἀγαπητοῦ δι᾽ ἐμέ.[19]

16. γινώσκομεν (we know) ὅτι ἐσχάτη ὥρα ἐστίν.[20]

17. ἡ βασιλεία ἡ ἐμὴ οὐκ ἔστιν ἐκ τοῦ κόσμου τούτου.[21]

18. ἐὰν ἀγαπᾶτέ (you love) με,[19] τὰς ἐντολὰς τὰς ἐμὰς τηρήσετε (you will keep).

---

[14] ὀφθαλμός, –οῦ, ὁ, "eye."

[15] Hint: Δαυὶδ is a genitive.

[16] ἀριθμός, –οῦ, ὁ, "number."

[17] Hint: Λευί is a genitive.

[18] ἐφείσω means "you spared" and takes its direct object in the genitive. There are other words that will do this as well.

[19] The accusative of ἐγώ.

[20] Hint: What is the subject of this verb?

[21] τούτου is the genitive singular masculine form of οὗτος, meaning "this." Did you notice anything different about its position? It is in a predicate position, but you cannot make sense of the sentence if you try to insert is. It is a peculiarity of this word that it is used in the predicate position, but you must translate it as if it were in the attributive position. I will discuss this word more fully in chapter 13.

19. ἰδοὺ δέδωκα (I have set) πρὸ προσώπου σου σήμερον τὴν ζωὴν καὶ τὸν θάνατον, τὸ ἀγαθὸν καὶ τὸ κακόν.

20. ὁ πιστεύων (one who believes) εἰς τὸν υἱὸν ἔχει (he/she/it has) ζωὴν αἰώνιον· ὁ δὲ ἀπειθῶν (one who does not believe) τῷ υἱῷ οὐκ ὄψεται (he/she/it will see) ζωήν, ἀλλ᾽ ἡ ὀργὴ τοῦ θεοῦ μένει (he/she/it remains) ἐπ᾽ αὐτόν.

Summary

1. It is often important to identify the main subject first to give structure to the verse.
2. ἐν can also mean "with."
3. αὐτοῦ can precede the word it modifies.

References

α. Mt 24:45; β. Mt 16:21; γ. (Mt 3:17); δ. —; ε. Mk 12:6; ε. Jn 8:43; η. 1 Cor 10:13; **1.** Jn 12:48; **2.** Mk 15:25; **3.** Jn 5:21; **4.** Jn 6:40; **5.** Rom 12:21; **6.** Mt 20:16; **7.** 2 Tim 4:18; **8.** Jn 15:9–10, 12; **9.** Eph 2:10; **10.** Mt 12:35; **11.** —; **12.** —; **13.** Ps 101:6 [LXX 100:6]; **14.** 1 Chr 23:27; **15.** Gen 22:12; **16.** 1 Jn 2:18; **17.** Jn 18:36; **18.** Jn 14:15; **19.** Dt 30:15; **20.** Jn 3:36.

This is the ride side of a small scroll made of parchment. It has been so damaged that it may never be able to be opened. The full scroll is about five inches wide. The Greek text came originally from Alexandria, Egypt through various channels and ultimately to Dr. Randall Price (Liberty Biblical Museum) via an auction house. Its text is by a practiced scribe and possibly second century. Other than that not much is known.

Chapters 6–9

Review #2

Grammar

1. How do you identify the stem of a noun or an adjective?

2. Match the following grammatical functions with their proper Greek case.

   Direct object   Dative case

   Indirect object   Genitive case

   Possession   Nominative case

   Subject   Accusative case

3. In the following sentences write the words that correspond to the given functions.

   a. ἀγαπᾷ (he/she/it loves) ὁ θεὸς τὸν κόσμον, ᾧ (to which) ἔδωκε (he/she/it gave) τὸν υἱὸν αὐτοῦ.

      Subject

      Direct object

      Possessive

   b. οἱ προφῆται τοῦ Ἰησοῦ ἐλάλησαν (they spoke) τοῖς ἀνθρώποις τὸν λόγον.

      Subject

      Direct object

      Possessive

      Indirect object

4. How does the form of the article or any adjective correspond to the noun it modifies?

5. What is the difference between the substantival and adjectival functions of an adjective?

6. How can you tell if an adjective is in the attributive or predicate position? How do you translate an adjective if you cannot tell its position?

7. Give examples of the two positions of an attributive adjective.

    a.

    b.

8. What is the rule that governs whether a feminine noun will exhibit the alpha to eta shift in the feminine singular genitive and dative?

9. How can you tell if an adjective is used substantivally?

10. Write out the first six noun rules.

    1.

    2.

    3.

    4.

    5.

    6.

11. Write out the full paradigm of the case endings for the first and second declension.

	masc	*fem*	*neut*		*masc*	*fem*	*neut*
nom sg				*nom pl*			
gen sg				*gen pl*			
dat sg				*dat pl*			
acc sg				*acc pl*			

12. Write out the full paradigm of the article.

	masc	*fem*	*neut*		*masc*	*fem*	*neut*
nom sg				*nom pl*			
gen sg				*gen pl*			
dat sg				*dat pl*			
acc sg				*acc pl*			

Parsing

	Inflected	*Case*	*Number*	*Gender*	*Lexical form*	*Inflected meaning*
1.	λόγοις					
2.	ἀγάπῃ					
3.	πονηρᾷ					
4.	ἁμαρτίας					
5.	ταῖς					
6.	κόσμου					
7.	καιρῶν					
8.	εὐαγγελίῳ					
9.	ἀγαθόν					
10.	ἀγάπης					

Translation: 1 John 4:1–6

Use the lexicon to find the meaning of words that you have not had as vocabulary words. Try to maintain the Greek order in your translation unless it produces poor English. πνεῦμα is a third declension word (chapter 10) that means "spirit." πνεύματι is dative singular, and πνεύματα is nominative or accusative plural. What is perhaps the hardest part in translating this passage is that you do not know relative clauses (chapter 14), so I have put slashes between the clauses and phrases to help, except where the punctuation shows you the breaks. Check out the online class for help on this review (www.BillMounce.com/review/2).

4:1 ἀγαπητοί, μὴ παντί (every) πνεύματι πιστεύετε[1] ἀλλὰ δοκιμάζετε (test!) τὰ πνεύματα / εἰ ἐκ

τοῦ θεοῦ ἐστιν, ὅτι πολλοὶ (many) ψευδοπροφῆται ἐξεληλύθασιν (they have gone out) εἰς τὸν κόσμον.

4:2 ἐν τούτῳ (this) γινώσκετε (you know) τὸ πνεῦμα τοῦ θεοῦ· πᾶν (every) πνεῦμα / [2]ὃ (that) ὁμολογεῖ

(he/she/it confesses that) Ἰησοῦν Χριστὸν ἐν σαρκὶ (flesh) ἐληλυθότα (he/she/it has come) / ἐκ τοῦ

θεοῦ ἐστιν, **4:3** καὶ πᾶν πνεῦμα / ὃ μὴ ὁμολογεῖ τὸν Ἰησοῦν / ἐκ τοῦ θεοῦ οὐκ ἔστιν· καὶ τοῦτό (this)

ἐστιν τὸ[3] τοῦ ἀντιχρίστου, ὃ ἀκηκόατε (you have heard) / ὅτι ἔρχεται (he/she/it is coming), καὶ νῦν ἐν

τῷ κόσμῳ ἐστὶν ἤδη.

4:4 ὑμεῖς ἐκ τοῦ θεοῦ ἐστε, τεκνία (little children), καὶ νενικήκατε (you have overcome) αὐτούς,

ὅτι μείζων ἐστὶν / ὁ (the one) ἐν ὑμῖν (you) / ἢ / ὁ ἐν τῷ κόσμῳ. **4:5** αὐτοὶ ἐκ τοῦ κόσμου εἰσίν, διὰ

τοῦτο[4] ἐκ τοῦ κόσμου λαλοῦσιν (they speak) / καὶ ὁ κόσμος αὐτῶν ἀκούει.[5] **4:6** ἡμεῖς ἐκ τοῦ θεοῦ

ἐσμεν, ὁ γινώσκων (one who knows) τὸν θεὸν / ἀκούει ἡμῶν (us), ὃς (who) οὐκ ἔστιν ἐκ τοῦ θεοῦ /

οὐκ ἀκούει ἡμῶν. ἐκ τούτου[6] γινώσκομεν (we know) τὸ πνεῦμα τῆς ἀληθείας καὶ τὸ πνεῦμα τῆς

πλάνης.

---

[1] This verb means "believe!" and can take a direct object in the dative.

[2] This is quite a long relative clause that is describing πνεῦμα.

[3] What word has been omitted that τό would normally modify?

[4] διὰ τοῦτο is an idiom that means "for that reason."

[5] This verb means "he/she/it hears" and can take a direct object in either the genitive or accusative.

[6] ἐκ τούτου is an idiom that here means "by this."

Track One or Track Two?

Explanation of the Two Tracks

As in the words of the Robert Frost poem, "Two roads diverged in a yellow road," we have come to a fork in the road in the life of Greek. What do you learn next? Track 1 finishes the nouns system and then moves into verbs. Track 2 moves into verbs more quickly.

Track One: Finish Noun System	*Track Two: Get into Verbs*
10. Third Declension	15. Introduction to Verbs
11. First and Second Person Personal Pronouns	16. Present Active Indicative
12. αὐτός	17. Contract Verbs
13. Demonstrative Pronouns and Adjectives	18. Present Middle/Passive Indicative
14. Relative Pronoun	21. Imperfect Indicative
Review 3 — Track 1	Review 3 — Track 2
15. Introduction to Verbs	10. Third Declension
16. Present Active Indicative	11. First and Second Person Personal Pronouns
17. Contract Verbs	12. αὐτός
18. Present Middle/Passive Indicative	13. Demonstrative Pronouns and Adjectives
19. Future Active and Middle Indicative	14. Relative Pronoun
20. Verbal Roots (Patterns 2–4)	19. Future Active and Middle Indicative
Review 4 — Track 1	20. Verbal Roots (Patterns 2–4)
21. Imperfect Indicative	Review 4 — Track 2

The chapters in the grammar follow the order of Track 1, but I have also taught Track 2, and the students did not confuse the noun and verb systems.

- If you are following Track 1, then do the exercises on pages 35 – 90, skip pages 91 – 144, and then resume on page 145.

- If you are following Track 2, then skip pages 35 – 90, do the exercises on pages 91 – 144, and then continue on page 145.

Codex 2882 is a Greek manuscript of Luke's Gospel. The manuscript, which is only forty-six leaves (ninety-two pages), was previously owned by a man who came from Greece to America in the early decades of the twentieth century. After he died, the manuscript was purchased by a rare book and manuscript store in Pennsylvania. It was then purchased in 2005 by the Center for the Study of New Testament Manuscripts (www.csntm.org, used here by permission). The manuscript was registered with the Institut für Neutestamentliche Textforschung (the Institute for New Testament Textual Research) in Münster, Germany, in January 2008 and given the number 2882.

The codex is a 10th–11th century manuscript, relatively early as far as Greek New Testament manuscripts go. The passage in the photograph is from Luke 1:21–34. The opening line is the first part of verse 21: "Now the people were waiting for Zechariah." The last line of this page says, "And his kingdom will never end" (verse 33). This is followed by the first word of verse 34, "said" (as in "Mary said").

The image shows the "hair side" of the parchment. The sides of the animal skin were typically matched for aesthetic reasons so that facing pages would either be hair side (outside of the animal) or flesh side. The hair follicles are clearly visible in the image.

Third Declension

Write out the master paradigm of all case endings.

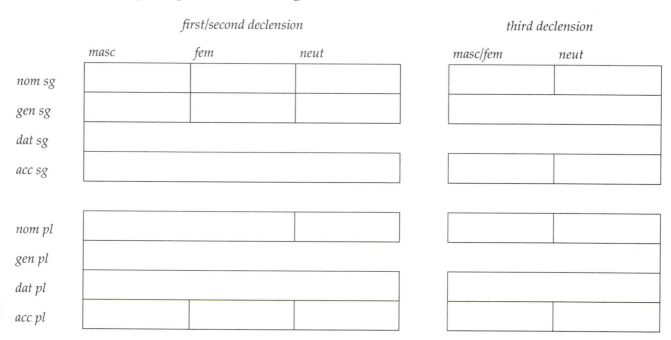

	first/second declension			third declension	
	masc	fem	neut	masc/fem	neut
nom sg					
gen sg					
dat sg					
acc sg					
nom pl					
gen pl					
dat pl					
acc pl					

Parsing

	Inflected	Case	Number	Gender	Lexical form	Inflected meaning
1.	σαρκί					
2.	τίνος					
3.	πάσας					
4.	ἑνός					
5.	σῶμα					
6.	ὀνομάτων					
7.	ἕνα					
8.	τινες					
9.	σαρξί					
10.	πνεύματα					

Warm-up

α. τῷ ὀνόματί μου

β. τὴν ἀγάπην τὴν εἰς πάντας τοὺς ἁγίους

γ. εἰς σάρκα μίαν

δ. τινῶν ἀνθρώπων αἱ ἁμαρτίαι

ε. ἐν τῷ σώματι τῆς σαρκὸς αὐτοῦ

ζ. τίνες εἰσὶν οἱ ἀδελφοί μου

η. ἐν τῇ σαρκὶ αὐτοῦ

Translation

1. πάντες ἔρχονται (they are going) πρὸς αὐτόν.

2. Παῦλος καὶ Τιμόθεος δοῦλοι[1] Χριστοῦ Ἰησοῦ πᾶσιν τοῖς ἁγίοις ἐν Χριστῷ Ἰησοῦ τοῖς οὖσιν

    (ones who are) ἐν Φιλίπποις.

3. τί ἀγαθὸν ποιήσω (I must do) ἵνα σχῶ (I might have) ζωὴν αἰώνιον;

4. καὶ ἐλάλησαν (they told) αὐτῷ τὸν λόγον τοῦ κυρίου σὺν πᾶσιν τοῖς ἐν τῇ οἰκίᾳ αὐτοῦ.

---

[1] Hint: Remember apposition (exercise 7, sentence 10)?

5. ² καὶ ἅγιον τὸ ὄνομα αὐτοῦ.

6. ἔλεγεν (he/she/it was speaking) περὶ τοῦ ναοῦ (temple) τοῦ³ σώματος αὐτοῦ.

7. οὐδεὶς ἐν πνεύματι θεοῦ λαλῶν (when he speaks) λέγει (he/she/it says), Ἀνάθεμα⁴ Ἰησοῦς, καὶ οὐδεὶς δύναται (he/she/it is able) εἰπεῖν (to say), Κύριος Ἰησοῦς, εἰ μὴ ἐν πνεύματι ἁγίῳ.

8. τί με⁵ λέγεις (you call) ἀγαθόν;⁶ οὐδεὶς ἀγαθὸς εἰ μὴ εἷς ὁ θεός.⁷

9. τίνα λέγουσιν (they say) οἱ ἄνθρωποι εἶναι (to be) τὸν υἱὸν τοῦ ἀνθρώπου.

10. ⁸ τοῖς πᾶσιν γέγονα (I have become) πάντα.

---

2 Hint: This is a complete sentence, not a phrase. You will have to supply a verb.

3 Hint: What is the grammatical relationship between σώματος and ναοῦ? Cf. exercise 7, sentence 10.

4 If you pronounce it, you will know what it means.

5 με is the accusative singular of ἐγώ.

6 Often a verb will require two direct objects. Sometimes one object will be personal and the other impersonal (as in this example). Other times both objects are impersonal. This is called the "double accusative."

7 What is the grammatical relationship between θεός and εἷς?

8 Hint: Think through the different possibilities of the gender of both adjectives.

Additional

11. καθαρίζομαι (I am cleansed) ἀπὸ ἁμαρτίας μου ὑπὸ τῆς σαρκὸς τοῦ Ἰησοῦ.

12. τὰ γὰρ ὀνόματα τῶν ἁγίων παρὰ τῷ θεῷ ἐστὶν ἐν τοῖς αἰωνίοις οὐρανοῖς.

13. κατατριβῶσιν (they are consumed) σάρκες σώματός σου.

14. ἀσπάζομαι (I send greetings) ἐν ὀνόματι Ἰησοῦ Χριστοῦ, υἱοῦ πατρός· κατὰ σάρκα καὶ πνεῦμα ἡνωμένοις (those who are united) πάσῃ ἐντολῇ αὐτοῦ.

15. καὶ ἐκάλεσεν (he/she/it gave) Ἀδὰμ ὀνόματα πᾶσιν.

16. καὶ ἐδικαιώθη (he/she/it is vindicated) ἡ σοφία ἀπὸ πάντων τῶν τέκνων αὐτῆς.

17. ἀγαπητοί, μὴ παντὶ πνεύματι πιστεύετε[9] ἀλλὰ δοκιμάζετε (test!) τὰ πνεύματα εἰ ἐκ τοῦ θεοῦ ἐστιν.

18. πάντα ἐνώπιον αὐτοῦ εἰσίν, καὶ οὐδὲν λέληθεν (he/she/it is hidden from) τὴν βουλὴν αὐτοῦ.

19. Παῦλος ἀπόστολος Χριστοῦ Ἰησοῦ διὰ θελήματος θεοῦ καὶ Τιμόθεος ὁ ἀδελφὸς τῇ ἐκκλησίᾳ τοῦ θεοῦ τῇ οὔσῃ (one that is) ἐν Κορίνθῳ σὺν τοῖς ἁγίοις πᾶσιν τοῖς οὖσιν (ones who are) ἐν ὅλῃ τῇ Ἀχαΐᾳ.

20. ἐν ἀγάπῃ προσελάβετο (he/she/it received) ἡμᾶς (us) ὁ δεσπότης.[10] διὰ τὴν ἀγάπην, ἣν (which) ἔσχεν (he had) πρὸς ἡμᾶς, τὸ αἷμα αὐτοῦ ἔδωκεν (he/she/it gave) ὑπὲρ ἡμῶν Ἰησοῦς Χριστὸς ὁ κύριος ἡμῶν (our) ἐν θελήματι θεοῦ, καὶ τὴν[11] σάρκα ὑπὲρ τῆς σαρκὸς ἡμῶν καὶ τὴν ψυχὴν ὑπὲρ τῶν ψυχῶν ἡμῶν.

Summary

1. Sometimes a verb requires two direct objects ("double accusative"). The two objects will be personal and impersonal, or both will be impersonal. The second object will sometimes require a helping word in translation, such as "about" in the sense of "with reference to."

References

α. Mk 9:37; β. Eph 1:15; γ. Mt 19:5; δ. 1 Tim 5:24; ε. Col 1:22; ζ. Mt 12:48; η. Eph 2:14; **1**. Jn 3:26; **2**. Phil 1:1; **3**. Mt 19:16; **4**. Ac 16:32; **5**. Lk 1:49; **6**. Jn 2:21; **7**. 1 Cor 12:3; **8**. Mk 10:18; **9**. Mt 16:13; **10**. 1 Cor 9:22; **11**. —; **12**. —; **13**. Prov 5:11; **14**. IRom 1:0; **15**. Gen 2:20; **16**. Lk 7:35; **17**. 1 Jn 4:1; **18**. 1 Clem 27:6; **19**. 2 Cor 1:1; **20**. 1 Clem 49:6.

---

9   "Believe!" Takes a direct object in the dative.

10 δεσπότης, –ου, ὁ, "master, lord."

11 Hint: Do you remember that the article can perform other functions as well?

Exercise 11 – Track 1

First and Second Person Personal Pronouns

Parsing

Inflected	Person / Case	Number	Gender	Lexical form	Inflected meaning
1. σοι					
2. ὑμῖν					
3. πίστιν					
4. σε					
5. πατρός					
6. ὑμεῖς					
7. ὕδατα					
8. ἡμᾶς					
9. πίστεις					
10. ἐμοῦ (3x)					

Warm-up

α. ἤνεγκα (I brought) τὸν υἱόν μου πρὸς σέ.

β. ὁ κύριός μου καὶ ὁ θεός μου

γ. υἱοὶ τοῦ πατρὸς ὑμῶν

δ. ἐπὶ τῇ πίστει τοῦ ὀνόματος αὐτοῦ

ε. τοῖς λόγοις τῆς πίστεως καὶ τῆς καλῆς διδασκαλίας (teaching)

ζ. ἀσπάζονται (they greet) ὑμᾶς αἱ ἐκκλησίαι πᾶσαι.

η. οὐκ ἔχω (I have) ἄνδρα.

Translation

1. [1] ἐγὼ ἐβάπτισα (I baptized) ὑμᾶς ὕδατι, αὐτὸς δὲ βαπτίσει (he/she/it will baptize) ὑμᾶς ἐν πνεύματι ἁγίῳ.

2. ἐγὼ ἐλήλυθα (I have come) ἐν τῷ ὀνόματι τοῦ πατρός μου.

3. ἰδοὺ ἡμεῖς ἀφήκαμεν (we have left) πάντα καὶ ἠκολουθήκαμέν[2] σοι.

4. καὶ καυχώμεθα (we rejoice) ἐπ᾽ ἐλπίδι τῆς δόξης τοῦ θεοῦ.

5. ὃς (who) ἂν ἓν τῶν τοιούτων (these) παιδίων (children) δέξηται (he/she/it receives) ἐπὶ[3] τῷ ὀνόματί μου, ἐμὲ δέχεται·[4] καὶ ὃς ἂν ἐμὲ δέχηται (he/she/it receives), οὐκ ἐμὲ δέχεται ἀλλὰ τὸν ἀποστείλαντά (one who sent) με.

---

[1] Is there any emphasis implied in this verse by the use of the personal pronoun? As always, let context be your guide.

[2] "We have followed." This verb takes a direct object in the dative, which, as you know, means you do not use a key word with σοι.

[3] The meanings of many Greek words you are learning are actually more fluid than you might have guessed. In the text you are given nice, neat definitions so you can learn their basic significance, and yet most words have a range of meaning that you will start to grasp in later chapters.

   This is especially true of prepositions. Rarely will a preposition have just one or two meanings, and ἐπί is perhaps the most fluid of all prepositions. At times it may seem that it means almost anything it wants to. It doesn't, but its meaning is quite flexible. One of its more important meanings is to describe *the basis upon which an emotion or action is based*. Here it describes the basis upon which a child is received, and in English we say, *"in* my name."

[4] Hint: What is the subject of δέχεται, which means "he/she/it receives"?

6. εἷς γάρ ἐστιν ὑμῶν ὁ διδάσκαλος (teacher), πάντες δὲ ὑμεῖς ἀδελφοί ἐστε.

7. καὶ ἰδὼν (after seeing) ὁ Ἰησοῦς⁵ τὴν πίστιν αὐτῶν λέγει (he/she/it says) τῷ παραλυτικῷ (paralytic), τέκνον, ἀφίενταί (they are forgiven) σου αἱ ἁμαρτίαι.

8. ἰδοὺ ἡ μήτηρ σου καὶ οἱ ἀδελφοί σου [καὶ αἱ ἀδελφαί⁶ σου] ἔξω ζητοῦσίν (they seek) σε. καὶ ἀποκριθεὶς (answering) αὐτοῖς λέγει (he/she/it says), τίς ἐστιν ἡ μήτηρ μου καὶ οἱ ἀδελφοί μου; … ἴδε ἡ μήτηρ μου καὶ οἱ ἀδελφοί μου. ὃς (who) ἂν ποιήσῃ (he/she/it does) τὸ θέλημα τοῦ θεοῦ, οὗτος ἀδελφός μου καὶ ἀδελφὴ καὶ μήτηρ ἐστίν.

9. πάντα μοι παρεδόθη (they were given) ὑπὸ τοῦ πατρός μου, καὶ οὐδεὶς ἐπιγινώσκει⁷ τὸν υἱὸν εἰ μὴ ὁ πατήρ,⁸ οὐδὲ τὸν πατέρα τις ἐπιγινώσκει εἰ μὴ ὁ υἱός.

---

5 Because Ἰησοῦς is nominative, it cannot be the object of the participle ἰδών. It is common in biblical Greek for the author to place the subject of the sentence (ὁ Ἰησοῦς) inside the participial phrase (ἰδὼν τήν πίστιν αὐτῶν). You will always have to pull the subject out, placing it either before or after the participial phrase.

   A "participle" is an "ing" word like "eating," "seeing." A participial phrase is the participle and its direct object and modifiers. Participial phrases are dependent phrases; they cannot contain the main subject and verb of the sentence. I will discuss them in chapter 26.

6 This actual word does not occur fifty or more times; but by knowing that it follows natural gender, you should be able to determine its meaning.

7 "He/she/it knows." ἐπιγινώσκω describes a fuller, more complete knowledge than does γινώσκω.

8 Hint: πατήρ is nominative because it is followed by an implied ἐπιγινώσκει.

10. οὐκ[9] εἰμὶ ἐλεύθερος (free); οὐκ εἰμὶ ἀπόστολος; οὐκ Ἰησοῦν τὸν κύριον ἡμῶν ἑόρακα (I have

    seen); οὐ τὸ ἔργον μου ὑμεῖς ἐστε ἐν κυρίῳ;[10]

Additional

11. ὑμῖν δὲ ἡ ἀγάπη τοῦ θεοῦ καὶ ἡ πίστις εἰς τὸν Ἰησοῦν.

12. τὸ θέλημα τοῦ θεοῦ ἡμῶν ἐστιν ἵνα τηρῶμεν (we keep) τὰς ἐντολὰς τὰς ἀγαθὰς αὐτοῦ.

13. καὶ ἐπωνόμασεν (he/she/it named) τὴν πόλιν (city) ἐπὶ τῷ ὀνόματι τοῦ υἱοῦ αὐτοῦ Ἐνώχ.

14. οὐχὶ ἕνα θεὸν ἔχομεν (we have) καὶ ἕνα Χριστὸν καὶ ἓν πνεῦμα τῆς χάριτος τὸ ἐκχυθὲν (one that
    was poured out) ἐφ᾽ ἡμᾶς, καὶ μία κλῆσις (calling) ἐν Χριστῷ;

15. τιμήσει (he/she/it will honor) αὐτοὺς ὁ κύριος Ἰησοῦς Χριστός, εἰς ὃν (whom) ἐλπίζουσιν (they
    hope) σαρκί, ψυχῇ,[11] πνεύματι, πίστει, ἀγάπῃ.

16. καὶ εἶπεν ὁ θεός, τί ἐποίησας (you did); φωνὴ αἵματος τοῦ ἀδελφοῦ σου βοᾷ (he/she/it is crying
    out) πρός με ἐκ τῆς γῆς.

17. ὁδοὶ δύο εἰσὶν διδαχῆς καὶ ἐξουσίας, ἡ ... τοῦ φωτὸς καὶ ἡ τοῦ σκότους· διαφορὰ[12] δὲ πολλὴ[13]
    τῶν δύο ὁδῶν.

18. καὶ εἶπεν Δαυὶδ πάσῃ τῇ ἐκκλησίᾳ, εὐλογήσατε (bless!) κύριον τὸν θεὸν ὑμῶν· καὶ εὐλόγησεν
    (he/she/it blessed) πᾶσα ἡ ἐκκλησία κύριον τὸν θεὸν τῶν πατέρων αὐτῶν.

19. οὗτος ἦλθεν (he/she/it came) εἰς μαρτυρίαν ἵνα μαρτυρήσῃ (he/she/it might witness) περὶ τοῦ
    φωτός, ἵνα πάντες πιστεύσωσιν (they might believe) δι᾽ αὐτοῦ. οὐκ ἦν ... τὸ φῶς, ἀλλ᾽ ἵνα
    μαρτυρήσῃ περὶ τοῦ φωτός.

---

[9] There are several ways to ask a question in Greek. In two of the ways, the answer is implied in the question. If the
     sentence begins with οὐ, the implied answer is "yes." If it begins with μή, then the implied answer is "no."
     We do the same thing in English. "You want to learn Greek, don't you?" and "You don't want to learn Greek, do you?"
     both imply an answer. This is discussed in detail at 31.19.

[10] Sometimes when translating a question it is easiest to first translate it as a regular indicative sentence, and then shift
     over to a question. You might also at first find it helpful to ignore the initial οὐ and οὐχ.

[11] ψυχή, –ῆς, ἡ, "soul, life, self."

[12] διαφορά, –ᾶς, ἡ, "difference."

[13] Hint: πολλή is in the predicate.

20. καὶ Ἰησοῦς προέκοπτεν (he/she/it increased) ἐν τῇ σοφίᾳ καὶ ἡλικίᾳ[14] καὶ χάριτι παρὰ θεῷ καὶ ἀνθρώποις.

English to Greek

It is against my general practice to include any English to Greek exercises because you are concentrating on recognition of Greek. But personal pronouns are important and easy. It would be a good practice to try going from English to Greek in this situation. It is especially good to confirm that you understand the different forms of the English pronouns.

1.	to me	6.	to you (plural)
2.	our	7.	I
3.	us	8.	your
4.	you	9.	we
5.	my	10.	you (plural)

Summary

1. ἐπί can be used to describe the basis upon which an action or emotion is based. Many words, especially prepositions, are flexible in their meaning.

2. The subject of the main verb can be placed inside the participial phrase.

3. When a question begins with μή, the author is expecting a negative answer. If the question begins with οὐ, the author is expecting a positive answer. See 31.20 of the grammar.

References

α. Mk 9:17; β. Jn 20:28; γ. Mt 5:45; δ. Ac 3:16; ε. 1 Tim 4:6; ζ. Rom 16:16; η. Jn 4:17; **1**. Mk 1:8; **2**. Jn 5:43; **3**. Mk 10:28; **4**. Rom 5:2; **5**. Mk 9:37; **6**. Mt 23:8; **7**. Mk 2:5; **8**. Mk 3:32–35; **9**. Mt 11:27; **10**. (1 Cor 9:1); **11**. —; **12**. —; **13**. Gen 4:17; **14**. (1 Clem 46:6); **15**. IPhil 11:2; **16**. Gen 4:10; **17**. Barn 18:1; **18**. 1 Chr 29:20; **19**. Jn 1:7–8; **20**. Lk 2:52.

---

[14] ἡλικία, –ας, ἡ, "stature."

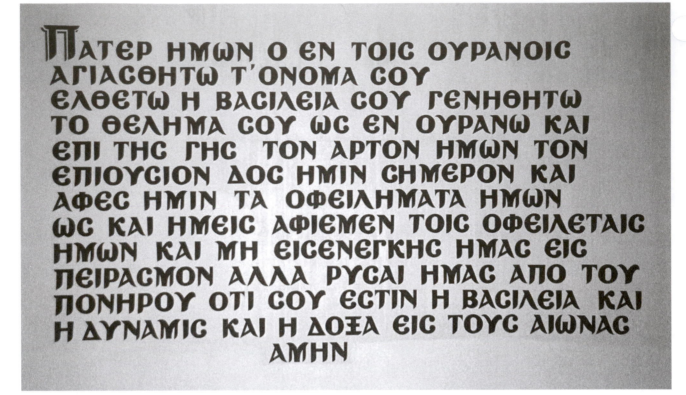

ΠΑΤΕΡ ΗΜΩΝ Ο ΕΝ ΤΟΙϹ ΟΥΡΑΝΟΙϹ
ΑΓΙΑϹΘΗΤΩ Τ᾽ΟΝΟΜΑ ϹΟΥ
ΕΛΘΕΤΩ Η ΒΑϹΙΛΕΙΑ ϹΟΥ ΓΕΝΗΘΗΤΩ
ΤΟ ΘΕΛΗΜΑ ϹΟΥ ΩϹ ΕΝ ΟΥΡΑΝΩ ΚΑΙ
ΕΠΙ ΤΗϹ ΓΗϹ ΤΟΝ ΑΡΤΟΝ ΗΜΩΝ ΤΟΝ
ΕΠΙΟΥϹΙΟΝ ΔΟϹ ΗΜΙΝ ϹΗΜΕΡΟΝ ΚΑΙ
ΑΦΕϹ ΗΜΙΝ ΤΑ ΟΦΕΙΛΗΜΑΤΑ ΗΜΩΝ
ΩϹ ΚΑΙ ΗΜΕΙϹ ΑΦΙΕΜΕΝ ΤΟΙϹ ΟΦΕΙΛΕΤΑΙϹ
ΗΜΩΝ ΚΑΙ ΜΗ ΕΙϹΕΝΕΓΚΗϹ ΗΜΑϹ ΕΙϹ
ΠΕΙΡΑϹΜΟΝ ΑΛΛΑ ΡΥϹΑΙ ΗΜΑϹ ΑΠΟ ΤΟΥ
ΠΟΝΗΡΟΥ ΟΤΙ ϹΟΥ ΕϹΤΙΝ Η ΒΑϹΙΛΕΙΑ ΚΑΙ
Η ΔΥΝΑΜΙϹ ΚΑΙ Η ΔΟΞΑ ΕΙϹ ΤΟΥϹ ΑΙΩΝΑϹ
ΑΜΗΝ

This is the Lord's Prayer inscribed on the inside of an evangelical church in Greece. It is not modern Greek, but it is the form recited in church today. Here it is in modern Greek:

Πατέρα μας, που βρίσκεσαι στους ουρανούς,
κάνε να σε δοξάσουν όλοι ως Θεό,
να έρθει η βασιλεία σου
νας γίνει το θέλημά σου
και από τους ανθρώπους,
όπως γίνεται από τις ουράνιες δυνάμεις.
Δώσε μας σήμερα τον απαραίτητο για τη ζωή μας άρτο.
Και χάρισέ μας τα χρέη των αμαρτιών μας,
όπως κι' ημείς τα χαρίζουμε στους δικούς μας οφειλέτες.
Και μη μας αφήσεις να πέσουμε σε πειρασμό,
αλλά γλίτωσέ μας από τον πονηρό.

Here it is in Koine, without the textually uncertain ending.

Πάτερ ἡμῶν ὁ ἐν τοῖς οὐρανοῖς·
ἁγιασθήτω τὸ ὄνομά σου·
ἐλθέτω ἡ βασιλεία σου· γενηθήτω
τὸ θέλημά σου, ὡς ἐν οὐρανῷ καὶ
ἐπὶ γῆς· τὸν ἄρτον ἡμῶν τὸν
ἐπιούσιον δὸς ἡμῖν σήμερον· καὶ
ἄφες ἡμῖν τὰ ὀφειλήματα ἡμῶν,
ὡς καὶ ἡμεῖς ἀφήκαμεν τοῖς ὀφειλέταις
ἡμῶν· καὶ μὴ εἰσενέγκῃς ἡμᾶς εἰς
πειρασμόν, ἀλλὰ ῥῦσαι ἡμᾶς ἀπὸ τοῦ πονηροῦ.

Exercise 12 – Track 1

αὐτός

Parsing

	Inflected	Person / Case	Number	Gender	Lexical form	Inflected meaning
1.	αὐτό					
2.	αὐταί					
3.	σοι					
4.	αὐτοῖς					
5.	αὐτήν					
6.	ἡμῖν					
7.	αὐτῷ					
8.	πόδα					
9.	αὐτῆς					
10.	ὑμῶν					

Warm-up

α. αὐτὸς εἶπεν αὐτῇ

β. ὑπὲρ αὐτῆς

γ. ὁ διδάσκαλος αὐτῶν ἐστιν μαθητὴς αὐτοῦ.

δ. αὐτοὶ γάρ εἰσιν οἱ πόδες ὑμῶν.

ε. ἡ αὐτὴ σάρξ

ζ. αὐτὸς ὁ ὀφθαλμός ἐστιν καλός.

η. πιστεὺω (I believe) τὸ αὐτό.

Translation

1. φέρετε (bring!) αὐτὸν πρός με. καὶ ἤνεγκαν (they brought) αὐτὸν πρὸς αὐτόν.

2. πάλιν οὖν αὐτοῖς ἐλάλησεν (he/she/it spoke) ὁ Ἰησοῦς λέγων (saying), ἐγώ εἰμι τὸ φῶς τοῦ κόσμου.

3. ὁ δὲ παρήγγειλεν (he/she/it commanded) αὐτοῖς μηδενὶ εἰπεῖν (to speak).

4. προσηύξαντο (they prayed) περὶ αὐτῶν ὅπως λάβωσιν (they might receive) πνεῦμα ἅγιον.

5. Ἰησοῦς αὐτὸς οὐκ ἐβάπτιζεν (he/she/it was baptizing) ἀλλ᾽ οἱ μαθηταὶ αὐτοῦ.

6. [1] πιστεύετέ (believe!) μοι ὅτι ἐγὼ ἐν τῷ πατρὶ καὶ ὁ πατὴρ ἐν ἐμοί· εἰ δὲ μή, διὰ τὰ ἔργα αὐτὰ πιστεύετε.

7. παρακαλῶ (I urge) δὲ ὑμᾶς, ἀδελφοί, διὰ[2] τοῦ ὀνόματος τοῦ κυρίου ἡμῶν Ἰησοῦ Χριστοῦ, ἵνα[3] τὸ αὐτὸ[4] λέγητε (you say) πάντες.[5]

---

[1] Hint: You may need to supply a verb in the ὅτι clause.

[2] In this context, διά means "in."

[3] Did you notice that the usual translation "in order that" makes no sense in this verse. What translation does?

[4] You are going to have to add an extra word to your translation of this word. Take its number and gender from natural gender.

[5] Hint: Since this is nominative, it must be the subject, but the subject of what?

8. πορευθέντες (having gone) οὖν μαθητεύσατε (make disciples of!) πάντα τὰ ἔθνη (nations),

   βαπτίζοντες (baptizing) αὐτοὺς εἰς τὸ ὄνομα τοῦ πατρὸς καὶ τοῦ υἱοῦ καὶ τοῦ ἁγίου πνεύματος,

   διδάσκοντες (teaching) αὐτοὺς τηρεῖν (to obey) πάντα ὅσα ἐνετειλάμην (I have commanded) ὑμῖν·

   καὶ ἰδοὺ ἐγὼ μεθ᾽ ὑμῶν εἰμι πάσας τὰς ἡμέρας⁶ ἕως τῆς συντελείας (end) τοῦ αἰῶνος.

9. ἐπάραντες (raising up) δὲ τοὺς ὀφθαλμοὺς αὐτῶν οὐδένα⁷ εἶδον (they saw) εἰ μὴ αὐτὸν Ἰησοῦν
   μόνον.

10. ⁸ ἀδελφοί μου, χαίρετε (rejoice!) ἐν κυρίῳ. τὰ αὐτὰ γράφειν (to write) ὑμῖν ἐμοὶ μὲν οὐκ ὀκνηρόν
    (troublesome).

Additional

11. ὁ μαθητὴς δὲ οὐκ ἐστὶν ὑπὲρ τὸν κύριον αὐτοῦ, οὗτος γὰρ ὁ πρῶτος τῶν πάντων.

12. πάλιν δὲ ὁ Ἰησοῦς ἀπεκρίθη, οἱ πιστοὶ αὐτοὶ εἰσελεύσονται (they will enter) εἰς τὴν αὐτὴν ζωήν.

13. καὶ ἔδωκεν (he/she/it gave) τὸν καρπὸν αὐτοῦ⁹ καὶ τῷ ἀνδρὶ αὐτῆς μετ᾽ αὐτῆς.

---

⁶ Time designations of *when* an action will occur are placed in the dative ("dative of time when"); time designations of *how long* an action will occur are placed in the accusative ("accusative of time how long").

⁷ Is οὐδένα masculine or neuter?

⁸ The verb has been omitted from the second sentence.

⁹ The antecedent of αὐτοῦ is the tree of knowledge of good and evil.

14. σὺ οὖν ἐπιγνοὺς (recognizing) τὰ ἔργα αὐτοῦ ἀπόστα (stay away!) ἀπ᾽ αὐτοῦ καὶ μηδὲν αὐτῷ πίστευε (believe!), ὅτι τὰ ἔργα αὐτοῦ πονηρά εἰσι καὶ ἀσύμφορα[10] τοῖς δούλοις τοῦ θεοῦ.

15. καὶ ηὐλόγησεν (he/she/it blessed) ὁ θεὸς τὸν Νῶε καὶ τοὺς υἱοὺς αὐτοῦ καὶ εἶπεν αὐτοῖς, αὐξάνεσθε (be fruitful!).

16. εἰ ὁ θεὸς ἐδοξάσθη (is glorified) ἐν αὐτῷ καὶ ὁ θεὸς δοξάσει (he/she/it will glorify) αὐτὸν ἐν αὐτῷ, καὶ εὐθὺς δοξάσει αὐτόν.

17. αὐτὸς δὲ Ἰησοῦς οὐκ ἐπίστευεν (he/she/it entrusted) αὐτὸν αὐτοῖς.

18. διαιρέσεις (varieties) δὲ χαρισμάτων εἰσίν, τὸ δὲ αὐτὸ πνεῦμα· καὶ διαιρέσεις διακονιῶν εἰσιν, καὶ ὁ αὐτὸς κύριος· καὶ διαιρέσεις ἐνεργημάτων[11] εἰσίν, ὁ δὲ αὐτὸς θεός ὁ ἐνεργῶν (one who works) τὰ πάντα ἐν πᾶσιν.[12]

19. [13] τὰ αὐτὰ γὰρ ἐποίουν (they were doing) τοῖς προφήταις οἱ πατέρες αὐτῶν.

20. [14] καὶ κύριον αὐτὸν καὶ Χριστὸν ἐποίησεν (he/she/it made) ὁ θεός.

English to Greek

Write out the Greek equivalent of these English pronouns.

1. him   6. his

2. its   7. to it

3. to them   8. she

4. their   9. they

5. her (possessive)   10. he

Summary

1. The dative is used to indicate *when* an action takes place, the accusative to tell *how long*.

References

α. —; β. —; γ. —; δ. —; ε. 1 Cor 15:39; ζ. —; η —; **1**. Mk 9:19–20; **2**. Jn 8:12; **3**. Lk 8:56; **4**. Ac 8:15; **5**. Jn 4:2; **6**. Jn 14:11; **7**. 1 Cor 1:10; **8**. Mt 28:19–20; **9**. Mt 17:8; **10**. Phil 3:1; **11**. —; **12**. —; **13**. (Gen 3:6); **14**. Shep, Mandates 6.2.6; **15**. Gen 9:1; **16**. Jn 13:32; **17**. Jn 2:24; **18**. 1 Cor 12:4–6; **19**. Lk 6:23; **20**. Ac 2:36.

---

[10] ἀσύμφορος, –ον, "harmful."

[11] ἐνέργημα, –ματος, τό, "activity, working."

[12] Is πᾶσιν masculine or neuter?

[13] Hint: What is the subject? How does the ordering of the words help you understand the point of the passage?

[14] Hint: αὐτόν is the direct object. Find the subject first. The καί … καί construction can be translated "both … and." I will discuss "correlative conjunctions" in exercise 22, sentence 7.

Exercise 13 – Track 1

Demonstrative Pronouns and Adjectives

Parsing

	Inflected	Person / Case	Number	Gender	Lexical form	Inflected meaning
1.	τούτων					
2.	ἐκείνας					
3.	με					
4.	αὐτή					
5.	ἐκεῖνο					
6.	ἐνί					
7.	ταῦτα					
8.	αὕτη					
9.	τούτου					
10.	ἡμᾶς					

Warm-up

α. ἐκ τοῦ κόσμου τούτου

β. ἐν δὲ ταῖς ἡμέραις ἐκείναις

γ. πῶς ἐστιν τοῦτο;

δ. Πάτερ ἡμῶν

ε. καὶ ἐκείνοις εἶπεν

ζ. οὗτός ἐστιν ὁ υἱός μου.

η. ἐν τῇ πόλει ταύτῃ

Translation

1. ταύτην τὴν ἐντολὴν ἔλαβον (I received) παρὰ τοῦ πατρός μου.

2. αὕτη ἐστὶν ἡ μεγάλη[1] καὶ πρώτη ἐντολή.

3. εἰ ταῦτα οἴδατε (you know), μακάριοί ἐστε ἐὰν ποιῆτε (you do) αὐτά.

4. ἐκ δὲ τῆς πόλεως ἐκείνης πολλοὶ ἐπίστευσαν (they believed) εἰς αὐτὸν τῶν Σαμαριτῶν[2] διὰ τὸν λόγον τῆς γυναικός.

5. διὰ τοῦτο[3] ὑμεῖς οὐκ ἀκούετε (you hear), ὅτι ἐκ τοῦ θεοῦ οὐκ ἐστέ.

6. οὗτος ἦλθεν (he/she/it came) … ἵνα μαρτυρήσῃ (he/she/it might bear witness) περὶ τοῦ φωτός, ἵνα πάντες πιστεύσωσιν (they might believe) δι᾽ αὐτοῦ. οὐκ ἦν ἐκεῖνος τὸ φῶς, αλλ᾽ ἵνα μαρτυρήσῃ περὶ τοῦ φωτός.

7. λέγει (he/she/it says) πρὸς αὐτὸν ἡ γυνή, κύριε, δός (give!) μοι τοῦτο τὸ ὕδωρ.

---

[1] While the Greek superlative was dying out and its function being assumed by the comparative, in this verse you have something a little more unusual in that the positive degree is being used as a superlative.

[2] What word does τῶν Σαμαριτῶν modify?

[3] διὰ τοῦτο is an idiom that means "for this reason."

8. καὶ πᾶς ὁ ἔχων⁴ τὴν ἐλπίδα ταύτην ἐπ᾽ αὐτῷ ἁγνίζει (he/she/it purifies) ἑαυτόν, καθὼς ἐκεῖνος ἁγνός (pure) ἐστιν.

9. ἐν ποίᾳ⁵ ἐξουσίᾳ ταῦτα ποιεῖς (you do); ἢ τίς σοι ἔδωκεν (he/she/it gave) τὴν ἐξουσίαν ταύτην ἵνα ταῦτα ποιῇς (you might do);

10. νῦν ἡ ψυχή (soul) μου τετάρακται (he/she/it is troubled), καὶ τί εἴπω;⁶ πάτερ, σῶσόν (save!) με ἐκ τῆς ὥρας ταύτης; ἀλλὰ διὰ τοῦτο ἦλθον (I came) εἰς τὴν ὥραν ταύτην. πάτερ, δόξασόν (glorify!) σου τὸ ὄνομα. ἦλθεν (he/she/it came) οὖν φωνὴ ἐκ τοῦ οὐρανοῦ, καὶ ἐδόξασα (I glorified) καὶ πάλιν δοξάσω (I will glorify).... ἀπεκρίθη Ἰησοῦς καὶ εἶπεν, οὐ δι᾽ ἐμὲ ἡ φωνὴ αὕτη γέγονεν (he/she/it came) ἀλλὰ δι᾽ ὑμᾶς.

Additional

11. ⁷αἱ δὲ γυναῖκες αὗται οὐκ ἐλπίδα ἔχουσιν (they have) ὅτι αὐταῖς οὐ δικαιοσύνη ἐν τῷ ὀνόματι τοῦ Ἰησοῦ Χριστοῦ.

---

⁴ ὁ ἔχων means "one who has."

⁵ ἐν ποίᾳ means "by what."

⁶ "I can say." But this is a question, so you will have to change the word order.

⁷ Hint: this is a difficult sentence since there is no verb in the second half.

12. οἱ δώδεκα μαθηταὶ οἱ μετὰ τοῦ Ἰησοῦ τοὺς πολλοὺς λόγους ἐκείνους ἤκουσαν (they heard) ἐν τῷ

    οἴκῳ τοῦ θεοῦ.

13. καὶ εἶπεν Ἀδάμ, τοῦτο νῦν ὀστοῦν[8] ἐκ τῶν ὀστέων μου καὶ σὰρξ ἐκ τῆς σαρκός μου· αὕτη
    κληθήσεται (he/she/it will be called) γυνή ὅτι ἐκ τοῦ ἀνδρὸς αὐτῆς ἐλήμφθη (he/she/it was taken)
    αὕτη.

14. καὶ ἐκάλεσεν (he/she/it called) Ἀδὰμ τὸ ὄνομα τῆς γυναικὸς αὐτοῦ Ζωή ὅτι αὕτη μήτηρ πάντων
    τῶν ζώντων.[9]

15. πολλαὶ γυναῖκες ἐκοπίησαν (they labored) διὰ τῆς χάριτος τοῦ θεοῦ αὐτῶν.

16. ζητεῖτε (seek!) δὲ πρῶτον[10] τὴν βασιλείαν καὶ τὴν δικαιοσύνην αὐτοῦ, καὶ ταῦτα πάντα
    προστεθήσεται (he/she/it will be added) ὑμῖν.

17. τί ποιοῦμεν (we do) ὅτι οὗτος ὁ ἄνθρωπος πολλὰ ποιεῖ (he/she/it is doing) σημεῖα;

18. τῶν δὲ δώδεκα ἀποστόλων τὰ ὀνόματά ἐστιν ταῦτα.

19. ἐν ἐκείνῃ τῇ ἡμέρᾳ γνώσεσθε (you will know) ὑμεῖς ὅτι ἐγὼ ἐν τῷ πατρί μου καὶ ὑμεῖς ἐν ἐμοὶ
    κἀγὼ ἐν ὑμῖν.

20. περὶ δὲ τῆς ἡμέρας ἐκείνης ἢ τῆς ὥρας οὐδεὶς οἶδεν (he/she/it knows), οὐδὲ[11] οἱ ἄγγελοι ἐν
    οὐρανῷ οὐδὲ ὁ υἱός, εἰ μή[12] ὁ πατήρ.

Summary

1. In Koine Greek, the superlative is falling out of use, and the comparative can express both the comparative ("better") and superlative ("best") idea. Even in some instances the positive is used for one of the other degrees. As always, let context be your guide.

2. διὰ τοῦτο means "for this reason."

3. Any adjective can function adverbially. Usually it will be in the accusative neuter when it does so.

References

α. Jn 18:36; β. Mt 3:1; γ. (Lk 1:34); δ. Mt 6:9; ε. Mt 20:4; ζ. Mt 3:17; η. Mt 10:23; **1.** Jn 10:18; **2.** Mt 22:38; **3.** Jn 13:17; **4.** Jn 4:39; **5.** Jn 8:47; **6.** Jn 1:7–8; **7.** Jn 4:15; **8.** 1 Jn 3:3; **9.** Mk 11:28; **10.** Jn 12:27–28, 30; **11.** —; **12.** —; **13.** Gen 2:23; **14.** Gen 3:20; **15.** (1 Clem 55:3); **16.** Mt 6:33; **17.** Jn 11:47; **18.** Mt 10:2; **19.** Jn 14:20; **20.** Mk 13:32.

---

[8] ὀστέον, –ου, τό, with the genitive plural ὀστέων, "bone." Also occurs in its contracted form, ὀστοῦν, –οῦ, τό (i.e., the εο has contracted to ου).

[9] τῶν ζώντων means "those who are living."

[10] In this context πρῶτον is functioning adverbially. In fact, any adjective can function adverbially. When they do, they normally are in the accusative and most often in the neuter.

[11] Just as you saw with καί in the previous chapter, here the two occurrences of οὐδέ act as correlative conjunctions meaning "neither … nor."

[12] In this context, εἰ μὴ means "only."

Exercise 14 – Track 1

Relative Pronoun

Parsing

	Inflected	Person / Case	Number	Gender	Lexical form	Inflected meaning
1.	ἅ					
2.	ᾧ					
3.	ἥ					
4.	ἐκείνους					
5.	ἅς					
6.	οὗτοι					
7.	ἧς					
8.	ὧν					
9.	φωτί					
10.	ἥν					

Warm-up

α. τὰ σημεῖα ἃ ἐποίει (he / she / it was doing)

β. ἡ ἐπαγγελία ἣν αὐτὸς ἐπηγγείλατο (he / she / it promised) ἡμῖν

γ. ὃς κατασκευάσει (he / she / it will prepare) τὴν ὁδόν σου

δ. ἓν τῶν πλοίων, ὃ ἦν Σίμωνος

ε. ὃς γὰρ οὐκ ἔστιν καθ᾽ ἡμῶν, ὑπὲρ ἡμῶν ἐστιν.

ζ. ¹ ἀπὸ τῶν ἑπτὰ πνευμάτων ἃ ἐνώπιον τοῦ θρόνου αὐτοῦ

η. ὁ θεὸς τῆς εἰρήνης ὃς ἔσται μεθ᾽ ὑμῶν

---

¹ There is no verb in this warm-up. It is made up of a phrase and a clause.

Translation

Be able to identify every relative pronoun, explain its case, number, and gender, and explain what word the relative clause modifies and what function it performs in the sentence.

1. τὰ ῥήματα ἃ ἐγὼ λελάληκα (I have spoken) ὑμῖν πνεῦμά ἐστιν καὶ ζωή ἐστιν.

2. ἐπίστευσαν (they believed) τῇ γραφῇ καὶ τῷ λόγῳ ὃν εἶπεν ὁ Ἰησοῦς.

3. [2] Γνωρίζω (I make known) δὲ ὑμῖν, ἀδελφοί, τὸ εὐαγγέλιον ὃ εὐηγγελισάμην (I preached) ὑμῖν, ὃ

   καὶ παρελάβετε (you received), ἐν ᾧ καὶ ἐστήκατε (you stand), δι᾽ οὗ καὶ σῴζεσθε (you are saved).

4. χάριτι δὲ θεοῦ εἰμι ὅ εἰμι.

5. [3] ἔρχεται (he/she/it comes) ὥρα ἐν ᾗ πάντες οἱ ἐν τοῖς μνημείοις (tombs) ἀκούσουσιν[4] τῆς φωνῆς

   αὐτοῦ.

---

[2]   Hint: If you diagram this verse it is easier to translate.

[3]   If you have problems with this verse, try diagramming it. Find the subject, main verb, and the function of the relative clause.

[4]   "They will hear." This verb can take a direct object in the genitive or the accusative.

6. ὃς γὰρ ἐὰν[5] θέλῃ (he/she/it wishes) τὴν ψυχὴν αὐτοῦ σῶσαι (to save) ἀπολέσει[6] αὐτήν· ὃς δ᾽ ἂν

   ἀπολέσει τὴν ψυχὴν αὐτοῦ ἕνεκεν[7] ἐμοῦ καὶ τοῦ εὐαγγελίου σώσει (he/she/it will save) αὐτήν.

7. ἀληθεύοντες (speaking the truth) δὲ ἐν ἀγάπῃ αὐξήσωμεν (let us grow) εἰς αὐτὸν … ὅς ἐστιν ἡ

   κεφαλή, Χριστός.

8. ὥσπερ (just as) γὰρ ὁ πατὴρ ἐγείρει (he/she/it raises) τοὺς νεκροὺς καὶ ζῳοποιεῖ (he/she/it gives

   life), οὕτως καὶ ὁ υἱὸς οὓς θέλει (he/she/it wishes) ζῳοποιεῖ (he/she/it gives life to).

9. νῦν δὲ ζητεῖτέ (you seek) με ἀποκτεῖναι (to kill) ἄνθρωπον ὃς τὴν ἀλήθειαν ὑμῖν λελάληκα[8] (I have

   spoken) ἣν ἤκουσα (I heard) παρὰ τοῦ θεοῦ.

10. καὶ ἡμεῖς μάρτυρες (witnesses) πάντων ὧν[9] ἐποίησεν (he/she/it did) ἔν τε[10] τῇ χώρᾳ (region) τῶν

    Ἰουδαίων (Judeans) καὶ Ἰερουσαλήμ.

---

[5] Remember, γάρ is postpositive, so it can separate words that normally belong together. ἐάν makes ὅς contingent, hence "whoever."

[6] ἀπολέσει means "he/she/it will lose." What is the subject of this verb?

[7] ἕνεκεν is a preposition meaning "on account of"; it takes the genitive.

[8] It may feel a little strange to have a first person verb, "I," repeat the idea of ὅς, but if you think through the grammar it makes sense.

[9] Did you notice the attraction of the relative pronoun to the case of its antecedent?

[10] τε … καί functions as correlative conjunctions meaning "both … and."

Additional

11. κατὰ τὸ εὐαγγέλιον τοῦ Ἰωάννου ὁ Ἰησοῦς ἐποίησεν (he/she/it did) σημεῖα μεγάλα καὶ πολλά ἐν

    τῇ πόλει τῆς Ἰερουσαλήμ, ἅ οἱ ὄχλοι εἶδον (they saw).

12. ὁ ἀνὴρ καὶ ἡ γυνὴ οἷς ἐστιν ὁ οἶκος οὗτός εἰσιν ἐν τῇ ὁδῷ πρὸς τὸ πλοῖον αὐτῶν ἐπὶ τῇ θαλάσσῃ.

13. καὶ ἔδωκεν (he/she/it gave) τὰ ἐδέσματα[11] ... ἅ ἐποίησεν (he/she/it made) εἰς τὰς χεῖρας Ἰακὼβ
    τοῦ υἱοῦ αὐτῆς.

14. ἡ χάρις τοῦ κυρίου ἡμῶν Ἰησοῦ Χριστοῦ μεθ᾽ ὑμῶν καὶ μετὰ πάντων ... τῶν κεκλημένων (ones
    who have been called) ὑπὸ τοῦ θεοῦ δι᾽ αὐτοῦ, δι᾽ οὗ αὐτῷ δόξα, ... θρόνος αἰώνιος ἀπὸ τῶν
    αἰώνων εἰς τοὺς αἰῶνας τῶν αἰώνων. ἀμήν.

15. σῴζεσθε,[12] ἀγάπης τέκνα καὶ εἰρήνης. ὁ κύριος τῆς δόξης καὶ πάσης χάριτος μετὰ τοῦ πνεύματος
    ὑμῶν.

16. Ἰγνάτιος, ὁ καὶ Θεοφόρος, τῇ εὐλογημένῃ (one who is blessed) ἐν χάριτι θεοῦ πατρὸς ἐν Χριστῷ
    Ἰησοῦ τῷ σωτῆρι[13] ἡμῶν, ἐν ᾧ ἀσπάζομαι (I greet) τὴν ἐκκλησίαν.

17. ἐκεῖνός[14] μοι εἶπεν, ἐφ᾽ ὃν ἂν ἴδῃς (you see) τὸ πνεῦμα καταβαῖνον (descending) καὶ μένον
    (remaining) ἐπ᾽ αὐτόν, οὗτός ἐστιν ὁ βαπτίζων (one who baptizes) ἐν πνεύματι ἁγίῳ. κἀγὼ ἑώρακα
    (I have seen), καὶ μεμαρτύρηκα (I have witnessed) ὅτι οὗτός ἐστιν ὁ υἱὸς τοῦ θεοῦ.

18. ἤγγιζεν (he/she/it has drawn near) ὁ χρόνος τῆς ἐπαγγελίας ἧς[15] ὡμολόγησεν (he/she/it promised)
    ὁ θεὸς τῷ Ἀβραάμ.

19. καί κύριον αὐτὸν καὶ Χριστὸν ἐποίησεν (he/she/it made) ὁ θεός, τοῦτον τὸν Ἰησοῦν ὃν ὑμεῖς
    ἐσταυρώσατε (you crucified).

20. ἃ δὲ γράφω (I write) ὑμῖν, ἰδοὺ ἐνώπιον τοῦ θεοῦ ὅτι οὐ ψεύδομαι (I lie).

References

α. Jn 2:23; β. 1 Jn 2:25; γ. Mk 1:2; δ. Lk 5:3; ε. Mk 9:40; ζ. Rev 1:4; η (Phil 4:9); **1**. Jn 6:63; **2**. Jn 2:22; **3**. 1 Cor 15:1–2; **4**. 1 Cor 15:10; **5**. Jn 5:28; **6**. Mk 8:35; **7**. Eph 4:15; **8**. Jn 5:21; **9**. Jn 8:40; **10**. Ac 10:39; **11**. —; **12**. —; **13**. (Gen 27:17); **14**. 1 Clem 65:2; **15**. Barn 21:9; **16**. IMag 1:0; **17**. Jn 1:33–34; **18**. Ac 7:17; **19**. Ac 2:36; **20**. Gal 1:20.

---

[11] ἔδεσμα, –ματος, τό, "food."

[12] While this sentence does not have a relative pronoun, it is just too cool not to include, and it does use a vocabulary word for this chapter. σῴζεσθε is a plural imperative, meaning "Be saved!" It is a way of saying "Farewell." Be sure to use it when saying goodbye to your teacher and fellow students after class. There are other ways to say goodbye.

[13] σωτήρ, –ῆρος, ὁ, "savior, deliverer."

[14] Here is an example of what I discussed in 13.9, that the demonstrative pronoun can "weaken" to the point that it functions as a personal pronoun.

[15] ἧς has been "attracted" to the case of the preceding word. See "Advanced Information" (14.15) for the explanation.

Review #3 – Track 1

Grammar

1. Explain how the stem was modified in the following inflected forms. Start by writing out the word's stem, add the case ending, show the final form, and explain the changes.

   a. σάρξ

   b. ὄνομα

   c. χάριτας

   d. πίστεως

   e. πᾶς

2. Write out the seventh and eighth noun rules.

   #7.

   #8.

3. Describe what happens when you add a sigma to the following stops.

   a. τ + σ →   d. π + σ →

   b. β + σ →   e. γ + σ →

   c. δ + σ →   f. κ + σ →

4. List the case endings:

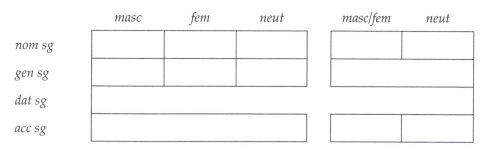

	first/second declension			*third declension*	
	masc	*fem*	*neut*	*masc/fem*	*neut*
nom sg					
gen sg					
dat sg					
acc sg					

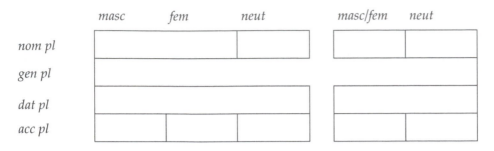

5. What determines the case, number, and gender of a personal pronoun?

    a. Case

    b. Number/gender

6. Write out the paradigm of the English personal pronouns.

	first person	second person		first person	second person
subjective sg			subjective pl		
possessive sg			possessive pl		
objective sg			objective pl		

7. What are the three uses of αὐτός?

    a.

    b.

    c.

8. How do you distinguish the form of the feminine personal pronoun from the feminine demonstrative?

9. In what adjectival position will you find a demonstrative when it is modifying a noun?

10. What are the four basic rules of the vocative?

    a.

    b.

    c.

    d.

11. What determines the case, number, and gender of a relative pronoun?

    a. Case

    b. Number/gender

12. How do you distinguish the form of the relative pronoun from the article?

Parsing

	Inflected	Person / Case	Number	Gender	Lexical form	Inflected meaning
1.	πόλεσιν					
2.	ὀνόματι					
3.	ἡμᾶς					
4.	αὕτη					
5.	ὅν					
6.	πᾶσαν					
7.	ἐκκλησίαις					
8.	ἐμοί (2x)					
9.	τούτους					
10.	ἡ					
11.	οἷς					
12.	πολλοῖς					
13.	ποδί					
14.	ἐκεῖνα					
15.	ὕδωρ					

Translation: 1 John 1:5 – 2:5

1:5 καὶ ἔστιν αὕτη ἡ ἀγγελία[1] ἣν ἀκηκόαμεν (we have heard) ἀπ᾽ αὐτοῦ καὶ ἀναγγέλλομεν

(we proclaim) ὑμῖν, ὅτι ὁ θεὸς φῶς ἐστιν καὶ σκοτία ἐν αὐτῷ οὐκ ἔστιν οὐδεμία. 1:6 ἐὰν εἴπωμεν

(we say) ὅτι κοινωνίαν ἔχομεν (we have) μετ᾽ αὐτοῦ καὶ ἐν τῷ σκότει περιπατῶμεν (we are walking),

ψευδόμεθα (we lie) καὶ οὐ ποιοῦμεν (we do) τὴν ἀλήθειαν· 1:7 ἐὰν δὲ ἐν τῷ φωτὶ περιπατῶμεν (we

walk) ὡς αὐτός ἐστιν ἐν τῷ φωτί, κοινωνίαν ἔχομεν (we have) μετ᾽ ἀλλήλων καὶ τὸ αἷμα Ἰησοῦ τοῦ

υἱοῦ αὐτοῦ καθαρίζει (he/she/it cleanses) ἡμᾶς ἀπὸ πάσης ἁμαρτίας. 1:8 ἐὰν εἴπωμεν (we say) ὅτι

ἁμαρτίαν οὐκ ἔχομεν (we have), ἑαυτοὺς πλανῶμεν (we deceive) καὶ ἡ ἀλήθεια οὐκ ἔστιν ἐν ἡμῖν.

1:9 ἐὰν ὁμολογῶμεν (we confess) τὰς ἁμαρτίας ἡμῶν, πιστός ἐστιν καὶ δίκαιος, ἵνα ἀφῇ[2] ἡμῖν τὰς

ἁμαρτίας καὶ καθαρίσῃ (he/she/it will cleanse) ἡμᾶς ἀπὸ πάσης ἀδικίας. 1:10 ἐὰν εἴπωμεν (we say) ὅτι

οὐχ ἡμαρτήκαμεν (we have sinned), ψεύστην ποιοῦμεν[3] αὐτὸν καὶ ὁ λόγος αὐτοῦ οὐκ ἔστιν ἐν ἡμῖν.

2:1 τεκνία[4] μου, ταῦτα γράφω (I write) ὑμῖν ἵνα μὴ ἁμάρτητε (you might sin). καὶ ἐάν τις

ἁμάρτῃ (he/she/it sins), παράκλητον[5] ἔχομεν (we have) πρὸς τὸν πατέρα Ἰησοῦν Χριστὸν δίκαιον·

2:2 καὶ αὐτὸς ἱλασμός[6] ἐστιν περὶ τῶν ἁμαρτιῶν ἡμῶν, οὐ περὶ τῶν ἡμετέρων[7] δὲ μόνον ἀλλὰ καὶ

περὶ ὅλου τοῦ κόσμου.

---

[1]   ἀγγελία, –ας, ἡ, "message."

[2]   This verb means "he/she/it might forgive" and takes a direct object in the dative.

[3]   "We make." This verb can take a double accusative.

[4]   τεκνίον, –ου, τό, "little child."

[5]   παράκλητος, –ου, ὁ, "advocate."

[6]   ἱλασμός, –οῦ, ὁ, "atoning sacrifice."

[7]   ἡμέτερος, –α, –ον, "our."

2:3 καὶ ἐν τούτῳ γινώσκομεν (we know) ὅτι ἐγνώκαμεν (we have known) αὐτόν, ἐὰν τὰς ἐντολὰς αὐτοῦ τηρῶμεν (we keep). 2:4 ὁ λέγων (one who says) ὅτι ἔγνωκα (I have known) αὐτὸν καὶ τὰς ἐντολὰς αὐτοῦ μὴ τηρῶν (is keeping), ψεύστης ἐστὶν καὶ ἐν τούτῳ ἡ ἀλήθεια οὐκ ἔστιν· 2:5 ὃς δ᾽ ἂν τηρῇ (he/she/it is keeping) αὐτοῦ τὸν λόγον, ἀληθῶς ἐν τούτῳ ἡ ἀγάπη τοῦ θεοῦ τετελείωται (he/she/it has been perfected), ἐν τούτῳ γινώσκομεν (we know) ὅτι ἐν αὐτῷ ἐσμεν.

This is an ancient coin minted by the emperor Domitian (Titus Flavius Caesar Domitianus Augustus), who ruled Rome from AD 81–96. He was an autocratic ruler, tried to consolidate secular and religious power, and strengthened the value of Roman coinage. He believed in the imperial cult and in his own divinity, perhaps giving himself the title "Dominus et Deus" (Lord and God). He is best known to us for his aggressive persecution of Christians.

For more information, see https://www.biblicaltraining.org/library/domitian.

The true size of this coin is less than one inch in diameter. Image used by permission of Dr. Randall Price, Liberty Biblical Museum.

Exercise 16 – Track 1

Present Active Indicative

Parsing

	Inflected	Person / Case	Number	Tense / Gender	Voice	Mood	Lexical form	Inflected meaning
1.	λέγουσιν							
2.	ἀκούει							
3.	πιστεύομεν							
4.	λύεις							
5.	ἀκούω							
6.	βλέπουσι							
7.	λύει							
8.	λέγετε							
9.	ὤν							
10.	πιστεύεις							

Warm-up

α. πιστεύω.

β. τὴν φωνὴν αὐτοῦ ἀκούεις.

γ. ἐξουσίαν ἔχει ὁ υἱὸς τοῦ ἀνθρώπου.

δ. τὸ φῶς τοῦ κόσμου τούτου βλέπουσιν.

ε. τότε ἀκούομεν τὸν νόμον μετὰ χαρᾶς.

ζ. τὸν δὲ νόμον τοῦ κυρίου οὐ λύετε.

η. καὶ ἀκούει ὁ τυφλὸς τὴν φωνήν.

Translation

1. τούτῳ ὑμεῖς οὐ πιστεύετε.

2. ἀπεκρίθη ὁ ὄχλος, δαιμόνιον ἔχεις.

3. οὐκ ἔχω ἄνδρα.

4. τί δὲ βλέπεις τὸ κάρφος (splinter) τὸ ἐν τῷ ὀφθαλμῷ τοῦ ἀδελφοῦ σου;

5. ὁ ὢν (one who is) ἐκ τοῦ θεοῦ τὰ ῥήματα τοῦ θεοῦ ἀκούει· διὰ τοῦτο ὑμεῖς οὐκ ἀκούετε, ὅτι ἐκ τοῦ θεοῦ οὐκ ἐστέ.

6. πάντοτε (always) γὰρ τοὺς πτωχοὺς (poor) ἔχετε μεθ᾽ ἑαυτῶν,[1] ἐμὲ δὲ οὐ πάντοτε ἔχετε.

7. σὺ πιστεύεις εἰς τὸν υἱὸν τοῦ ἀνθρώπου;

8. λέγω γὰρ ὑμῖν ὅτι οἱ ἄγγελοι αὐτῶν[2] ἐν οὐρανοῖς διὰ παντὸς[3] βλέπουσι τὸ πρόσωπον τοῦ πατρός μου τοῦ ἐν οὐρανοῖς.

---

[1] Here is a good example of how ἑαυτοῦ is not always third person.

[2] What is the antecedent of this word? You will have to rely on your general Bible knowledge because the antecedent is not in this verse.

[3] διὰ παντός is an idiom meaning "always."

9. [4] ὑμῶν[5] δὲ μακάριοι οἱ ὀφθαλμοὶ ὅτι βλέπουσιν καὶ τὰ ὦτα (ears) ὑμῶν ὅτι ἀκούουσιν.

10. λέγουσιν οὖν τῷ τυφλῷ πάλιν, τί σὺ λέγεις περὶ αὐτοῦ, ὅτι ἠνέῳξέν (he/she/it opened) σου τοὺς ὀφθαλμούς; ὁ δὲ εἶπεν ὅτι προφήτης ἐστίν.

    οὗτός ἐστιν ὁ υἱὸς ὑμῶν, ὃν ὑμεῖς λέγετε ὅτι τυφλὸς ἐγεννήθη (he/she/it was born); πῶς οὖν βλέπει ἄρτι (now);

    ἀπεκρίθη οὖν ἐκεῖνος, εἰ ἁμαρτωλός (sinner) ἐστιν οὐκ οἶδα (I know)· ἓν οἶδα ὅτι τυφλὸς ὢν[6] ἄρτι βλέπω.

Additional

11. πιστὸν τὸ ῥῆμα τοῦτο· διὰ τὴν πίστιν ὑμῶν ἐν τῷ υἱῷ τοῦ θεοῦ εἰρήνην τε καὶ χαρὰν ἐν τῷ πνεύματι τῷ ἁγίῳ ἔχετε.

12. ὅτε δὲ τῶν λόγων τῶν καλῶν τοῦ θεοῦ ἀκούομεν, ταῦτα πάντα πιστεύομεν, ἔχουσιν γὰρ ἡμῖν τὴν ἐπαγγελίαν τῆς αἰωνίας ζωῆς.

---

[4] This verse is two sentences, with the main verb omitted from both. Split the verse in half before translating.

[5] What word does ὑμῶν modify?

[6] This word means "being," but in this context you can translate, "even though I was."

13. καὶ εἶπεν κύριος πρὸς Μωϋσῆν, τί οὐ πιστεύουσίν μοι ἐν πᾶσιν τοῖς σημείοις οἷς βλέπουσιν ἐν αὐτοῖς;

14. σὺ γὰρ ζωῆς καὶ θανάτου ἐξουσίαν ἔχεις.

15. καὶ νῦν οὐ πιστεύετέ μοι; οὐχὶ μέγας ὁ βασιλεὺς[7] τῇ ἐξουσίᾳ αὐτοῦ;

16. τὴν ἀγάπην τοῦ θεοῦ οὐκ ἔχετε ἐν ἑαυτοῖς.

17. [8] ἐγὼ δὲ ὅτι τὴν ἀλήθειαν λέγω, οὐ πιστεύετέ μοι.

18. ἀλλὰ διὰ τῆς χάριτος τοῦ κυρίου Ἰησοῦ πιστεύομεν σωθῆναι (that we are saved).

19. νῦν δὲ ὑπὸ ἀγγέλου βλέπεις, διὰ τοῦ αὐτοῦ μὲν πνεύματος.

20. Ἰησοῦς δὲ ἔκραξεν (he/she/it cried out) καὶ εἶπεν, ὁ πιστεύων (one who believes) εἰς ἐμὲ οὐ πιστεύει εἰς ἐμὲ ἀλλὰ εἰς τὸν πέμψαντά (one who sent) με.

English to Greek

1. they say

2. you (plural) have

3. we believe

4. he sees

5. you (singular) hear

Summary

1. διὰ παντός is an idiom meaning "always."

References

α. Mk 9:24; β. Jn 3:8; γ. Mk 2:10; δ. (Jn 11:9); ε. —; ζ. —; η —; **1**. Jn 5:38; **2**. Jn 7:20; **3**. Jn 4:17; **4**. Mt 7:3; **5**. Jn 8:47; **6**. Mt 26:11; **7**. Jn 9:35; **8**. Mt 18:10; **9**. Mt 13:16; **10**. Jn 9:17, 19, 25; **11**. —; **12**. —; **13**. (Num 14:11); **14**. Wsd 16:13; **15**. (1 Esdr 4:28); **16**. Jn 5:42; **17**. Jn 8:45; **18**. Ac 15:11; **19**. Shep, Similitude 9.1.2; **20**. Jn 12:44.

---

[7] βασιλεύς, –έως, ὁ, "king."

[8] Hint: Find the subject and the main verb. Remember, the main verb cannot occur in a dependent clause.
Hint: ἐγώ should technically be inside the ὅτι clause.

Contract Verbs

Parsing

	Inflected	Person / Case	Number	Tense / Gender	Voice	Mood	Lexical form	Inflected meaning
1.	λαλοῦμεν							
2.	ἀγαπῶσι							
3.	τηρῶ							
4.	πληροῦτε							
5.	ζητοῦσιν							
6.	ἀγαπᾷ							
7.	καλεῖς							
8.	πληροῖ							
9.	λαλεῖτε							
10.	ποιεῖ							

Warm-up

α. τὰς ἐντολὰς αὐτοῦ τηροῦμεν.

β. οὐ ποιῶ τὰ ἔργα τοῦ πατρός μου.

γ. ζητοῦσίν σε.

δ. ἀγαπᾷς με;

ε. τὸ σάββατον οὐ τηρεῖ.

ζ. τί λαλεῖς μετ᾽ αὐτῆς;

η. ἀγαπῶμεν τὰ τέκνα τοῦ θεοῦ.

Translation

1. τί δέ με καλεῖτε, κύριε, κύριε, καὶ οὐ ποιεῖτε ἃ λέγω;

2. οἱ μαθηταὶ εἶπαν (they said) αὐτῷ, διὰ τί[1] ἐν παραβολαῖς λαλεῖς αὐτοῖς;

3. ἡμεῖς οἴδαμεν ὅτι μεταβεβήκαμεν (we have passed) ἐκ τοῦ θανάτου εἰς τὴν ζωήν, ὅτι ἀγαπῶμεν[2] τοὺς ἀδελφούς.

4. ὁ πατὴρ ἀγαπᾷ τὸν υἱὸν καὶ πάντα δέδωκεν (he/she/it has given) ἐν τῇ χειρὶ αὐτοῦ.

5. αὐτοὶ ἐκ τοῦ κόσμου εἰσίν, διὰ τοῦτο ἐκ τοῦ κόσμου λαλοῦσιν καὶ ὁ κόσμος αὐτῶν ἀκούει.

6. σὺ πιστεύεις ὅτι εἷς ἐστιν ὁ θεός. καλῶς (well) ποιεῖς. καὶ τὰ δαιμόνια πιστεύουσιν καὶ φρίσσουσιν (they shudder).

7. ὁ μὴ ἀγαπῶν (one who loves) με τοὺς λόγους μου οὐ τηρεῖ· καὶ ὁ λόγος ὃν ἀκούετε οὐκ ἔστιν ἐμὸς.

---

[1] διὰ τί is an idiom meaning "why?" You may want to make a vocabulary flash card for the phrase.

[2] What is the theological significance of the aspect of this verbal form?

8. τί³ ποιοῦμεν ὅτι οὗτος ὁ ἄνθρωπος πολλὰ ποιεῖ σημεῖα;

9. λέγει οὖν αὐτῷ ὁ Πιλᾶτος, ἐμοὶ οὐ λαλεῖς; οὐκ οἶδας ὅτι ἐξουσίαν ἔχω ἀπολῦσαί (to free) σε καὶ ἐξουσίαν ἔχω σταυρῶσαί (to crucify) σε;

10. ἰδοὺ οἱ μαθηταί σου ποιοῦσιν ὃ οὐκ ἔξεστιν⁴ ποιεῖν (to do) ἐν σαββάτῳ.

Additional

11. εἰ οὖν τὰς ἐντολὰς καὶ τοὺς νόμους τοῦ θεοῦ τηροῦμεν, οἴδαμεν ὅτι ἔχομεν τὴν ἀγάπην τὴν μεγάλην αὐτοῦ ἐν ταῖς καρδίαις ἡμῶν.

12. πῶς ὁ Ἰησοῦς τὰ πολλὰ σημεῖα ποιεῖ ἃ βλέπετε; ἐπὶ τῇ ἐξουσίᾳ τοῦ πνεύματος τοῦ ἁγίου.

13. ἐν ταῖς ἡμέραις ἐκείναις οὐκ ἦν βασιλεὺς⁵ ἐν Ἰσραήλ· ἀνὴρ τὸ ἀγαθὸν ἐν ὀφθαλμοῖς αὐτοῦ ποιεῖ.

14. ἀκούεις μου, Ἰακώβ, καὶ Ἰσραήλ, ὃν ἐγὼ καλῶ· ἐγώ εἰμι πρῶτος καὶ ἐγώ εἰμι εἰς τὸν αἰῶνα.⁶

15. οὐ λαλεῖ περὶ ἐμοῦ καλά ἀλλ᾽ … κακά.

16. εἰ οὖν Δαυὶδ καλεῖ αὐτὸν κύριον, πῶς υἱὸς αὐτοῦ ἐστιν;

---

³ Hint: τί does not always mean "why?"

⁴ ἔξεστιν is a special type of verb. It technically is third person singular and means "it is lawful." It always has a neuter subject.

⁵ βασιλεύς, –έως, ὁ, "king."

⁶ εἰς τὸν αἰῶνα is an idiom meaning "forever."

17. τί οὗτος οὕτως λαλεῖ;

18. [7]οἱ πάντες γὰρ τὰ ἑαυτῶν ζητοῦσιν, οὐ τὰ Ἰησοῦ Χριστοῦ.

19. [8]ἃ ἐγὼ ἑώρακα (I have seen) παρὰ τῷ πατρὶ λαλῶ· καὶ ὑμεῖς οὖν ἃ ἠκούσατε (you heard) παρὰ τοῦ πατρὸς ποιεῖτε.... ὑμεῖς ποιεῖτε τὰ ἔργα τοῦ πατρὸς ὑμῶν.

20. καὶ κατεδίωξεν[9] αὐτὸν Σίμων καὶ οἱ μετʼ αὐτοῦ, καὶ εὗρον (they found) αὐτὸν καὶ λέγουσιν αὐτῷ ὅτι πάντες ζητοῦσίν σε.

Summary

1. διὰ τί means "why?"

2. εἰς τὸν αἰῶνα is an idiom meaning "forever."

3. Sometimes a preposition is used to form a compound word, and the function of the preposition is to intensify the force of the simple word. This is the perfective use of a preposition. But you cannot assume the perfective force is always present. You will need to check the meaning of the word elsewhere and your immediate context (sentence 20).

References

α. 1 Jn 3:22; β. Jn 10:37; γ. Mk 3:32; δ. Jn 21:15; ε. Jn 9:16; ζ. Jn 4:27; η. 1 Jn 5:2; **1**. Lk 6:46; **2**. Mt 13:10; **3**. 1 Jn 3:14; **4**. Jn 3:35; **5**. 1 Jn 4:5; **6**. Jas 2:19; **7**. Jn 14:24; **8**. Jn 11:47; **9**. Jn 19:10; **10**. Mt 12:2; **11**. —; **12**. —; **13**. (Judg 17:6); **14**. (Is 48:12); **15**. 1 Kgs 22:8; **16**. Mt 22:45; **17**. Mk 2:7; **18**. Phil 2:21; **19**. Jn 8:38, 41; **20**. Mk 1:36–37.

---

[7] Hint: τά is functioning substantivally in both instances.

[8] Hint: What is the direct object of λαλῶ?

[9] κατεδίωξεν means "he/she/it sought intently." It describes a searching done in earnest. How does knowing this help you better understand the passage?

κατά is often used to form a compound verb and carries with it an intensifying force. It is called the "perfective" use of the preposition. For example, ἐργάζομαι means "I work" while κατεργάζομαι means "I work out thoroughly," "I accomplish." ἐσθίω means "I eat" while κατεσθίω means "I eat up thoroughly, I devour." Likewise, διώκω means "I search for" while καταδιώκω means "I search for thoroughly, I seek intently." (For other examples of the perfective use of prepositions see Metzger, 81–85.) There is a danger here, though. You cannot always assume that a compound word carries the meaning of its parts. That is called the "Root Fallacy" (see D. A. Carson, *Exegetical Fallacies* [Grand Rapids: Baker, 1996]). Sometimes a compound verb has the same meaning as the simple form of the verb. As always, let context be your guide.

Exercise 18 – Track 1

Present Middle/Passive Indicative

Parsing

	Inflected	Person / Case	Number	Tense / Gender	Voice	Mood	Lexical form	Inflected meaning
1.	πιστεύεται							
2.	λύεσθε							
3.	συνάγει							
4.	δύναται							
5.	πορευόμεθα							
6.	ἔρχεσθε							
7.	ἀποκρίνῃ							
8.	νυξίν							
9.	ἀγαπώμεθα							
10.	δύνανται							

Warm-up

α. οἱ τόποι τοῦ κακοῦ λύονται.

β. ἔρχεται εἰς οἶκον.

γ. αὐτοὶ πιστεύονται ὑπὸ τῶν δαιμονίων.

δ. ἀκούεται ἐν ὑμῖν.

ε. τίς δύναται σωθῆναι (to be saved);

ζ. ἔρχομαι ὡς κλέπτης.[1]

η. καὶ οὐδενὶ οὐδὲν ἀποκρίνεται.

---

[1] κλέπτης, –ου, ὁ, "thief." You may have guessed this from the English cognate *kleptomaniac*.

Translation

The non-deponent verbs you know occur rarely in the middle or passive in the New Testament (and even the LXX), hence the paucity of examples below. δύναμαι and ἔρχομαι are common deponents.

1. οὐχὶ ἀκούονται αἱ φωναὶ αὐτῶν.

2. ἐγὼ πρὸς τὸν πατέρα πορεύομαι.

3. οὐχ ἡ μήτηρ αὐτοῦ λέγεται[2] Μαριὰμ καὶ οἱ ἀδελφοὶ αὐτοῦ Ἰάκωβος καὶ Ἰωσὴφ καὶ Σίμων καὶ Ἰούδας;

4. [3] ὅπου εἰμὶ ἐγὼ ὑμεῖς οὐ δύνασθε ἐλθεῖν (to go).

5. ὁ δὲ Πιλᾶτος πάλιν ἐπηρώτα (he/she/it began asking) αὐτὸν λέγων (saying), οὐκ ἀποκρίνῃ οὐδέν;

6. [4] καὶ συνάγονται οἱ ἀπόστολοι πρὸς τὸν Ἰησοῦν καὶ ἀπήγγειλαν (they told) αὐτῷ πάντα ὅσα[5] ἐποίησαν (they did) καὶ ὅσα ἐδίδαξαν (they taught).

---

[2] The verb λέγω has a wide range of meaning. It can describe the "calling" of someone as it does here. The same verb in John 20:16 gives another example: ραββουνι ὃ λέγεται διδάσκαλε. Here it is rendered "is called" in the sense of "is translated."

[3] Note the emphatic use of the personal pronouns.

[4] It would greatly help to diagram this verse.

[5] You have to be pretty free with your translation of this word.

7. λέγουσιν αὐτῷ, ἐρχόμεθα καὶ ἡμεῖς σὺν σοί.

8. ὁ δὲ Ἰησοῦς ἀποκρίνεται αὐτοῖς λέγων (saying), ἐλήλυθεν (he/she/it has come) ἡ ὥρα ἵνα δοξασθῇ (he/she/it might be glorified) ὁ υἱὸς τοῦ ἀνθρώπου.

9. οὐδεὶς γὰρ δύναται ταῦτα τὰ σημεῖα ποιεῖν (to do) ἃ σὺ ποιεῖς, ἐὰν μὴ ᾖ (he/she/it is) ὁ θεὸς μετ᾽ αὐτοῦ.

10. καὶ οἱ μαθηταὶ Ἰωάννου καὶ οἱ Φαρισαῖοι ἔρχονται καὶ λέγουσιν αὐτῷ, διὰ τί οἱ μαθηταὶ Ἰωάννου καὶ οἱ μαθηταὶ τῶν Φαρισαίων νηστεύουσιν (they fast), οἱ δὲ σοὶ μαθηταὶ οὐ νηστεύουσιν;

Additional

11. οἱ πόδες μου πορεύονται πρὸς τὸν τόπον ἐφ᾽ ᾧ ὁ Ἰησοῦς λαλεῖ καὶ οἱ ὀφθαλμοί μου βλέπουσιν τὰ σημεῖα αὐτοῦ καὶ τὰ ὦτα⁶ μου ἀκούει τῶν παραβολῶν αὐτοῦ.

---

6 οὖς, ὠτός, τό, "ear."

12. ἡμέρᾳ καὶ νυκτὶ οἱ ὄχλοι συνάγουσιν περὶ τὸν Ἰησοῦν, οἴδασιν γὰρ ἐκεῖνοι ὅτι ἔρχεται αὐτοῖς

   λαλεῖν (to speak) τινὰς λόγους τῆς ἐλπίδος καὶ τῆς ζωῆς.

13. καὶ ἔρχονται οἱ ἄγγελοι εἰς τὸν τόπον ἐκεῖνον καὶ λαλοῦσιν τοὺς λόγους εἰς τὰ ὦτα τοῦ ὄχλου.

14. καὶ εἶπεν αὐτῇ ὁ ἄγγελος κυρίου, Ἁγάρ, ποῦ (where) πορεύῃ;

15. τέλος[7] λόγου· τὸ πᾶν ἀκούεται· τὸν θεὸν φοβοῦ (fear!) καὶ τὰς ἐντολὰς αὐτοῦ φύλασσε (keep!) ὅτι
    τοῦτο τὸ ὅλον ἔργον τοῦ ἀνθρώπου.

16. καὶ εἶπεν Νωεμίν, ἐπιστράφητε (turn back!) ... θυγατέρες μου.... τί πορεύεσθε μετ᾽ ἐμοῦ; μὴ ἔτι
    μοι υἱοὶ ἐν τῇ κοιλίᾳ μου καὶ ἔσονται (they will be) ὑμῖν εἰς ἄνδρας;

17. λέγει αὐτοῖς ὁ Ἰησοῦς, πιστεύετε ὅτι δύναμαι τοῦτο ποιῆσαι (to do); λέγουσιν αὐτῷ, ναί, κύριε.

18. καὶ εἶπεν αὐτῷ Ναθαναήλ, ἐκ Ναζαρὲτ δύναταί τι ἀγαθὸν εἶναι (to come);

19. ἀνέβη (he/she/it went up) δὲ καὶ Ἰωσὴφ ἀπὸ τῆς Γαλιλαίας ἐκ πόλεως Ναζαρὲθ εἰς τὴν Ἰουδαίαν
    εἰς πόλιν Δαυὶδ ἥτις καλεῖται Βηθλέεμ.

20. τί οὗτος οὕτως λαλεῖ; βλασφημεῖ· τίς δύναται ἀφιέναι (to forgive) ἁμαρτίας εἰ μὴ εἷς ὁ θεός;

References

α. —; β. —; γ. —; δ. —; ε. Mk 10:26; ζ. Rev 16:15; η. Shep, Mandates 11.1.8; **1**. (Ps 19:3 [LXX 18:4]); **2**. Jn 14:12;
3. Mt 13:55; **4**. Jn 7:34; **5**. Mk 15:4; **6**. Mk 6:30; **7**. Jn 21:3; **8**. Jn 12:23; **9**. Jn 3:2; **10**. (Mk 2:18); **11**. —; **12**. —;
13. (1 Sam 11:4); **14**. (Gen 16:8); **15**. (Eccl 12:13); **16**. Ruth 1:11; **17**. Mt 9:28; **18**. Jn 1:46; **19**. Lk 2:4; **20**. Mk 2:7.

---

[7] τέλος, –ους, τό, "end."

Future Active and Middle Indicative

Parsing

Inflected	Person / Case	Number	Tense / Gender	Voice	Mood	Lexical form	Inflected meaning
1. λύσει							
2. ἀκούσεις							
3. γεννήσομεν							
4. ζήσουσι							
5. πορεύσεται							
6. βλέψεις							
7. ἕξετε							
8. καλέσομεν							
9. ὅλον							
10. συνάξουσιν							

Warm-up

α. πάντες πιστεύσουσιν εἰς αὐτόν.

β. αὐτὸς περὶ ἑαυτοῦ λαλήσει.

γ. συνάξω τοὺς καρπούς μου.

δ. ἕξει τὸ φῶς τῆς ζωῆς.

ε. σὺν ἐμοὶ πορεύσονται.

ζ. βλέψετε καὶ οὐ λαλήσει.

η. ἀκούσει τις … τὴν φωνὴν αὐτοῦ.

Translation

1. κύριον τὸν θεόν σου προσκυνήσεις.[1]

2. [2] βασιλεὺς Ἰσραήλ ἐστιν· καταβάτω (let him come down!) νῦν ἀπὸ τοῦ σταυροῦ (cross) καὶ
    πιστεύσομεν ἐπ᾽ αὐτόν.

3. ἡ γυνή σου Ἐλισάβετ γεννήσει υἱόν σοι καὶ καλέσεις τὸ ὄνομα αὐτοῦ Ἰωάννην.

4. ὁ δὲ θεός μου πληρώσει πᾶσαν χρείαν (need) ὑμῶν κατὰ τὸ πλοῦτος (riches) αὐτοῦ ἐν δόξῃ ἐν
    Χριστῷ Ἰησοῦ.

5. ἀμὴν ἀμὴν λέγω ὑμῖν ὅτι ἔρχεται ὥρα καὶ νῦν ἐστιν ὅτε οἱ νεκροὶ ἀκούσουσιν τῆς φωνῆς τοῦ
    υἱοῦ τοῦ θεοῦ καὶ οἱ ἀκούσαντες (ones who hear it) ζήσουσιν.

6. καὶ ἔσεσθε μισούμενοι (hated) ὑπὸ πάντων διὰ τὸ ὄνομά μου.

---

[1] Notice that although this is a future verb, it is being used as an imperative to state a command. This is a common use
of the future in both Greek and English. See the "Exegetical Insight" to this chapter.

[2] Hint: The people are probably taunting Jesus and being sarcastic. Interestingly, some manuscripts (A, 𝔐, Latin, Syriac,
et al.) insert εἰ before βασιλεύς.

7. [3] ἀμὴν ἀμὴν λέγω ὑμῖν, ὁ πιστεύων (one who believes) εἰς ἐμὲ τὰ ἔργα ἃ ἐγὼ ποιῶ κἀκεῖνος[4] ποιήσει καὶ μείζονα τούτων[5] ποιήσει, ὅτι ἐγὼ πρὸς τὸν πατέρα πορεύομαι.

8. ὑμεῖς προσκυνεῖτε ὃ οὐκ οἴδατε· ἡμεῖς προσκυνοῦμεν ὃ οἴδαμεν, ὅτι ἡ σωτηρία (salvation) ἐκ τῶν Ἰουδαίων ἐστίν. ἀλλὰ ἔρχεται ὥρα καὶ νῦν ἐστιν, ὅτε οἱ ἀληθινοὶ (true) προσκυνηταὶ (worshipers) προσκυνήσουσιν τῷ πατρὶ ἐν πνεύματι καὶ ἀληθείᾳ.

9. ζητήσετέ με, καὶ καθὼς εἶπον (I said) τοῖς Ἰουδαίοις ὅτι ὅπου ἐγὼ ὑπάγω (I go) ὑμεῖς οὐ δύνασθε ἐλθεῖν (to go), καὶ ὑμῖν λέγω.

10. ἄκουε (Listen!), Ἰσραήλ, κύριος ὁ θεὸς ἡμῶν κύριος εἷς ἐστιν, καὶ ἀγαπήσεις κύριον τὸν θεόν σου ἐξ ὅλης τῆς καρδίας σου καὶ ἐξ ὅλης τῆς ψυχῆς σου καὶ ἐξ ὅλης τῆς διανοίας (mind) σου καὶ ἐξ ὅλης τῆς ἰσχύος (strength) σου.

---

[3] This verse is a good example of John's repetitive style. He often describes the subject of the sentence with a clause and then repeats the subject with a pronoun or demonstrative.

[4] Did you recognize κἀκεῖνος as a crasis of καὶ ἐκεῖνος meaning "that one also"? If not, check out the list of every crasis in the appendix, page 418.

[5] τούτων is an example of the "genitive of comparison." A comparative adjective such as μείζων is almost always followed by a word in the genitive to indicate comparison, and you can use the key word "than."

Additional

11. τίνι ἡμέρᾳ ἡ μητὴρ καὶ ὁ πατήρ σου πορεύσονται ὧδε ἀπὸ τοῦ οἴκου αὐτῶν παρὰ τῇ θαλάσσῃ; τῇ τρίτῃ ἡμέρᾳ μετὰ τὸ σάββατον.

12. προσκυνήσομεν τὸν κύριον τὸν βασιλέα ἡμῶν διὰ τὴν μεγαλὴν ἀγάπην αὐτοῦ ἡμῖν καὶ τὰς ἐπαγγελίας αὐτοῦ τῆς εἰρήνης καὶ τῆς δικαιοσύνης.

13. υἱοὺς καὶ θυγατέρας[6] γεννήσεις καὶ οὐκ ἔσονταί σοι.

14. οὐ προσκυνήσεις τοῖς θεοῖς αὐτῶν οὐδὲ ποιήσεις κατὰ τὰ ἔργα αὐτῶν.

15. καὶ εἶπεν κύριος τῷ Ἀβράμ, ἔξελθε (go out!) ἐκ τῆς γῆς[7] σου … καὶ ἐκ τοῦ οἴκου τοῦ πατρός σου εἰς τὴν γῆν ἣν ἄν σοι δείξω (I will show) καὶ ποιήσω σε εἰς ἔθνος[8] μέγα καὶ εὐλογήσω[9] σε … καὶ ἔσῃ εὐλογητός.[10]

16. ἔσεσθε οὖν ὑμεῖς τέλειοι ὡς ὁ πατὴρ ὑμῶν ὁ οὐράνιος[11] τέλειός ἐστιν.

17. δικαιοσύνη γὰρ θεοῦ ἐν αὐτῷ ἀποκαλύπτεται ἐκ πίστεως εἰς πίστιν, καθὼς γέγραπται (it is written), ὁ δὲ δίκαιος ἐκ πίστεως ζήσεται.

18. ἐὰν ἀγαπᾶτέ με, τὰς ἐντολὰς τὰς ἐμὰς τηρήσετε.

19. εἴ τις θέλει πρῶτος εἶναι,[12] ἔσται πάντων ἔσχατος.

20. εὗρον (I have found) Δαυὶδ τὸν[13] τοῦ Ἰεσσαί, ἄνδρα κατὰ τὴν καρδίαν μου, ὃς ποιήσει πάντα τὰ θελήματά μου.

Summary

1. The future can be used to make a command.

2. A comparative adjective such as μείζων is almost always followed by a word in the genitive (the "genitive of comparison") to indicate comparison. You can use the key word "than."

References

α. Jn 11:48; β. Jn 9:21; γ. Lk 12:17; δ. Jn 8:12; ε. 1 Cor 16:4; ζ. —; η. Mt 12:19; **1**. Mt 4:10; **2**. Mt 27:42; **3**. Lk 1:13; **4**. Phil 4:19; **5**. Jn 5:25; **6**. Mk 13:13; **7**. Jn 14:12; **8**. Jn 4:22–23; **9**. Jn 13:33; **10**. Mk 12:29–31; **11**. —; **12**. —; **13**. Dt 28:41; **14**. (Ex 23:24); **15**. Gen 12:1–2; **16**. Mt 5:48; **17**. Rom 1:17; **18**. Jn 14:15; **19**. Mk 9:35; **20**. Ac 13:22.

---

[6] θυγάτηρ, –τρός, ἡ, "daughter."

[7] γῆ, γῆς, ἡ, "earth, land, region."

[8] ἔθνος, –ους, τό, "nation."

[9] εὐλογέω, "I bless."

[10] εὐλογητός, –ή, –όν, "blessed, praised."

[11] οὐράνιος, –ον, "heavenly."

[12] "To be." Takes a predicate nominative.

[13] The word τόν is modifying is often dropped out of this type of construction. What is the word?

Exercise 20 – Track 1

Verbal Roots (Patterns 2 – 4)

If the verb is future, try to see what it would be in the present, and vice versa.

Parsing

	Inflected	Person / Case	Number	Tense / Gender	Voice	Mood	Lexical form	Inflected meaning
1.	ἀρεῖς							
2.	ὄψεται							
3.	ἐκβαλοῦμεν							
4.	ἐγεροῦσιν							
5.	ποιοῦσι							
6.	ἀποκτενεῖτε							
7.	σώσει							
8.	ἀποστελεῖ							
9.	βαπτίσεις							
10.	κρινεῖτε							

Warm-up

α. ἐκεῖνος κρινεῖ αὐτὸν ἐν τῇ ἐσχάτῃ ἡμέρᾳ.

β. πολλοὶ γὰρ ἐλεύσονται ἐπὶ τῷ ὀνόματί μου.

γ. ἐν τῷ ὀνόματί μου δαιμόνια ἐκβαλοῦσιν.

δ. γνωσόμεθα τὴν ἀλήθειαν.

ε. ἐρῶ τῇ ψυχῇ μου.

ζ. αὐτὸς μένει ἐπὶ τὸν κόσμον ἀλλὰ συ μενεῖς εἰς τοὺς αἰῶνας.

η. πῶς πάσας τὰς παραβολὰς γνώσεσθε;

Translation

1. ἐγὼ ἐβάπτισα (I baptized) ὑμᾶς ὕδατι, αὐτὸς δὲ βαπτίσει ὑμᾶς ἐν πνεύματι ἁγίῳ.

2. ἀποστελεῖ ὁ υἱὸς τοῦ ἀνθρώπου τοὺς ἀγγέλους αὐτοῦ.

3. ἐκεῖ αὐτὸν ὄψεσθε, καθὼς εἶπεν ὑμῖν.

4. ἀπεκρίθη Ἰησοῦς καὶ εἶπεν αὐτῷ, ἐάν τις ἀγαπᾷ[1] με τὸν λόγον μου τηρήσει, καὶ ὁ πατήρ μου
   ἀγαπήσει αὐτὸν καὶ πρὸς αὐτὸν ἐλευσόμεθα.

5. τέξεται (he/she/it will bear) δὲ υἱόν, καὶ καλέσεις τὸ ὄνομα αὐτοῦ Ἰησοῦν· αὐτὸς γὰρ σώσει τὸν
   λαὸν αὐτοῦ ἀπὸ τῶν ἁμαρτιῶν αὐτῶν.

6. ἢ οὐκ οἴδατε ὅτι οἱ ἅγιοι τὸν κόσμον κρινοῦσιν; … οὐκ οἴδατε ὅτι ἀγγέλους κρινοῦμεν;

---

[1] ἀγαπᾷ is actually in the subjunctive mood (chapter 31), but in this case it is identical in form to the indicative and is
translated the same way.

7. πάντες πιστεύσουσιν εἰς αὐτόν, καὶ ἐλεύσονται οἱ Ῥωμαῖοι καὶ ἀροῦσιν τὸν τόπον ἡμῶν.

8. ἀλλὰ ἐρεῖ τις, πῶς ἐγείρονται οἱ νεκροί; ποίῳ (in what sort of) δὲ σώματι ἔρχονται;

9. λέγει αὐτῷ, ἐκ τοῦ στόματός σου κρινῶ σε, πονηρὲ δοῦλε.

10. διὰ τοῦτο καὶ ἡ σοφία τοῦ θεοῦ εἶπεν, ἀποστελῶ εἰς αὐτοὺς προφήτας καὶ ἀποστόλους, καὶ ἐξ αὐτῶν[2] ἀποκτενοῦσιν.

Additional

11. τί οἱ κακοὶ ἀποκτείνουσιν τοὺς ἀγαθούς, οἳ τηροῦσιν τὸν νόμον τοῦ θεοῦ καὶ ἀγαπῶσι πάντας;

12. ἐν τῷ στόματί μου μεγαλὴν σοφίαν λαλήσω καὶ κατὰ τὴν ὅλην ζωὴν ἐρῶ περὶ τῆς δικαιοσύνης τε καὶ τῆς ὁδοῦ τῆς ἀληθείας.

---

[2] αὐτῶν is here called a "partitive genitive," where the word in the genitive indicates a larger group (αὐτῶν) and the word it is modifying represents the smaller group. The problem here is that the noun it is modifying is unexpressed. Supply "some" in your translation for the smaller group.

13. καὶ καλέσεις τὰ σάββατα ἅγια τῷ θεῷ σου καὶ οὐκ ἀρεῖς τὸν πόδα σου ἐπ᾽ ἔργῳ οὐδὲ λαλήσεις λόγον ἐν ὀργῇ[3] ἐκ τοῦ στόματός σου.

14. ὁ θεός ἐστιν κύριος, καὶ αὐτὸς οἶδεν, καὶ Ἰσραὴλ αὐτὸς γνώσεται.

15. τὸ ὕδωρ αὐτοῦ πιστόν· βασιλέα μετὰ δόξης ὄψεσθε, καὶ ἡ ψυχὴ ὑμῶν μελετήσει[4] φόβον[5] κυρίου.

16. καὶ τὰ τέκνα αὐτῆς ἀποκτενῶ ἐν θανάτῳ. καὶ γνώσονται πᾶσαι αἱ ἐκκλησίαι ὅτι ἐγώ εἰμι ὁ ἐραυνῶν (one who searches) νεφροὺς[6] καὶ καρδίας, καὶ δώσω (I will give) ὑμῖν ἑκάστῳ κατὰ τὰ ἔργα ὑμῶν.

17. μὴ μόνον οὖν αὐτὸν καλῶμεν (let us call) κύριον· οὐ γὰρ τοῦτο σώσει ἡμᾶς.

18. [7] μακάριοι οἱ καθαροὶ τῇ καρδίᾳ, ὅτι αὐτοὶ τὸν θεὸν ὄψονται.

19. ἀλλ᾽ ἐρεῖ τις, σὺ πίστιν ἔχεις, κἀγὼ ἔργα ἔχω. δεῖξόν (show!) μοι τὴν πίστιν σου χωρὶς τῶν ἔργων, κἀγώ σοι δείξω (I will show) ἐκ τῶν ἔργων μου τὴν πίστιν. σὺ πιστεύεις ὅτι εἷς ἐστιν ὁ θεός, καλῶς ποιεῖς· καὶ τὰ δαιμόνια πιστεύουσιν καὶ φρίσσουσιν.[8]

20. ἐὰν τὰς ἐντολάς μου τηρήσητε (you keep), μενεῖτε ἐν τῇ ἀγάπῃ μου, καθὼς ἐγὼ τὰς ἐντολὰς τοῦ πατρός μου τετήρηκα (I have kept) καὶ μένω αὐτοῦ[9] ἐν τῇ ἀγάπῃ.

Summary

1. The partitive genitive indicates the larger group, and the word it modifies indicates the smaller group.

References

α. Jn 12:48; β. Mt 24:5; γ. Mk 16:17; δ. (Jn 8:32); ε. Lk 12:19; ζ. —; η. Mk 4:13; **1.** Mk 1:8; **2.** Mt 13:41; **3.** Mk 16:7; **4.** Jn 14:23; **5.** Mt 1:21; **6.** 1 Cor 6:2–3; **7.** (Jn 11:48); **8.** 1 Cor 15:35; **9.** Lk 19:22; **10.** Lk 11:49; **11.** —; **12.** —; **13.** (Is 58:13); **14.** (Josh 22:22); **15.** Barn 11:5; **16.** Rev 2:23; **17.** 2 Clem 4:1; **18.** Mt 5:8; **19.** Jas 2:18–19; **20.** Jn 15:10.

---

[3] ὀργή, –ῆς, ἡ, "wrath, anger."

[4] μελετάω, "I practice, cultivate."

[5] φόβος, –ου, ὁ, "fear, reverence."

[6] νεφρός, –οῦ, ὁ, "mind."

[7] You have to assume the verb in the first half of the sentence.

[8] φρίσσω, "I tremble."

[9] As you know, normally αὐτοῦ follows the word it modifies, but not always. How do you know what word it modifies here?

Chapters 15–20

Grammar

1. Define the following two aspects, clearly differentiating among them.

    a. Imperfective

    b. Perfective

    c. Punctiliar

2. Write out the twelve forms of λύω, present active and passive.

	active		*active*
1st sg		*1st pl*	
2nd sg		*2nd pl*	
3rd sg		*3rd pl*	
	passive		*passive*
1st sg		*1st pl*	
2nd sg		*2nd pl*	
3rd sg		*3rd pl*	

3. Write out the Master Indicative Verb Chart

Tense	*Aug/Redup*	*Tense stem*	*Tense formative*	*Conn. vowel*	*Personal endings*	*First singular*
Pres act						
Pres mid/pas						
Future act						
Liquid future act						
Future mid						

4. What are "The Big Five" contraction rules?

   a.

   b.

   c.

   d.

   e.

5. What vowels form the following contractions?

   a.   ει

   b.   ει (another combination)

   c.   α

   d.   ου

   e.   ου (another combination)

   f.   ου (another combination)

   g.   ω

6. How do you form the following English tenses with the verb "eat"?

   a.   Present active continuous

   b.   Present passive undefined

7. Define what a "deponent" verb is and give one example.

8. Write out the "Square of Stops," and what happens to each class of stop when followed by a sigma.

   a.   Labials:

   b.   Velars:

   c.   Dentals:

9. What is the difference between a verbal "root" and a tense "stem"?

   a. Root

   b. Stem

10. What are the three basic ways in which tense stems are formed from verbal roots?

   a.

   b.

   c.

Parsing

	Inflected	Person / Case	Number	Tense / Gender	Voice	Mood	Lexical form	Inflected meaning
1.	ἀκούετε							
2.	ἀκούσεις							
3.	πορεύεται							
4.	οὕστινας							
5.	ζήσουσιν							
6.	τηροῦμαι							
7.	γνώσεται							
8.	ἔσονται							
9.	ἀγαπῶμεν							
10.	βλέψεται							
11.	λαλῶ							
12.	ὄψῃ							
13.	πληροῖς							
14.	σώσω							

Translation: John 12:27 – 36

12:27 νῦν ἡ ψυχή μου τετάρακται (he/she/it has been troubled), καὶ τί εἴπω (I can say);

πάτερ, σῶσόν (save!) με ἐκ τῆς ὥρας ταύτης; ἀλλὰ διὰ τοῦτο ἦλθον (I came) εἰς τὴν ὥραν ταύτην.

12:28 πάτερ, δόξασόν (glorify!) σου τὸ ὄνομα. ἦλθεν (he/she/it came) οὖν φωνὴ ἐκ τοῦ οὐρανοῦ,

καὶ ἐδόξασα (I glorified) καὶ πάλιν δοξάσω. 12:29 ὁ οὖν ὄχλος ὁ ἑστὼς (one standing) καὶ ἀκούσας

(hearing) ἔλεγεν (he/she/it was saying) βροντὴν γεγονέναι,[1] ἄλλοι ἔλεγον (they were saying), ἄγγελος

αὐτῷ λελάληκεν (he/she/it has spoken). 12:30 ἀπεκρίθη Ἰησοῦς καὶ εἶπεν, οὐ δι᾽ ἐμὲ ἡ φωνὴ αὕτη

γέγονεν (he/she/it came) ἀλλὰ δι᾽ ὑμᾶς. 12:31 νῦν κρίσις ἐστὶν τοῦ κόσμου τούτου, νῦν ὁ ἄρχων τοῦ

κόσμου τούτου ἐκβληθήσεται (he/she/it will be cast out) ἔξω· 12:32 κἀγὼ ἐὰν ὑψωθῶ (I am lifted up)

ἐκ τῆς γῆς (earth), πάντας ἑλκύσω (I will draw) πρὸς ἐμαυτόν (myself). 12:33 τοῦτο δὲ ἔλεγεν (he/she/

it was saying) σημαίνων (signifying) ποίῳ θανάτῳ ἤμελλεν (he/she/it was about) ἀποθνῄσκειν (to die).

12:34 ἀπεκρίθη οὖν αὐτῷ ὁ ὄχλος, ἡμεῖς ἠκούσαμεν (we heard) ἐκ τοῦ νόμου ὅτι ὁ Χριστὸς

μένει εἰς τὸν αἰῶνα, καὶ πῶς λέγεις σὺ ὅτι δεῖ ὑψωθῆναι (to be lifted up) τὸν υἱὸν τοῦ ἀνθρώπου;[2] τίς

ἐστιν οὗτος ὁ υἱὸς τοῦ ἀνθρώπου; 12:35 εἶπεν οὖν αὐτοῖς ὁ Ἰησοῦς, ἔτι (still) μικρὸν χρόνον τὸ φῶς

ἐν ὑμῖν ἐστιν. περιπατεῖτε (walk!) ὡς τὸ φῶς ἔχετε, ἵνα μὴ σκοτία ὑμᾶς καταλάβῃ (he/she/it might

overtake)· καὶ ὁ περιπατῶν (one walking) ἐν τῇ σκοτίᾳ οὐκ οἶδεν ποῦ ὑπάγει. 12:36 ὡς τὸ φῶς ἔχετε,

πιστεύετε (believe!) εἰς τὸ φῶς, ἵνα υἱοὶ φωτὸς γένησθε (you might be).

---

[1] βροντὴν γεγονέναι means "that it was thunder."

[2] τὸν υἱὸν τοῦ ἀνθρώπου is acting as the subject of ὑψωθῆναι.

Imperfect Indicative

Parsing

	Inflected	Person / Case	Number	Tense / Gender	Voice	Mood	Lexical form	Inflected meaning
1.	ἐβάπτιζες							
2.	ἤκουον							
3.	ἠθέλετε							
4.	ἐσῴζεσθε							
5.	ἐποίει							
6.	ἐξέβαλλες							
7.	ἦσαν							
8.	ἐπορευόμην							
9.	ἕξουσι							
10.	ἐπηρώτων							

Warm-up

α. ἐβάπτιζεν αὐτούς.

β. δαιμόνια πολλὰ ἐξέβαλλον.

γ. ἐβαπτίζοντο ὑπ᾽ αὐτοῦ.

δ. ἤρχοντο πρὸς αὐτόν.

ε. οὐκ ἐκρινόμεθα.

ζ. εἰ γὰρ ἐπιστεύετε Μωϋσεῖ, πιστεύσετε ἐμοί.

η. ἐλάλει αὐτοῖς τὸν λόγον.

Translation

1. ἐκεῖνος[1] δὲ ἔλεγεν περὶ τοῦ ναοῦ (temple) τοῦ σώματος αὐτοῦ.

2. καὶ πᾶς ὁ ὄχλος ἤρχετο πρὸς αὐτόν, καὶ ἐδίδασκεν αὐτούς.

3. ἤκουον δὲ ταῦτα πάντα οἱ Φαρισαῖοι.

4. ἦσαν γὰρ πολλοὶ καὶ ἠκολούθουν αὐτῷ.

5. ἠγάπα[2] δὲ ὁ Ἰησοῦς τὴν Μάρθαν καὶ τὴν ἀδελφὴν[3] αὐτῆς καὶ τὸν Λάζαρον.

6. καὶ ἐπηρώτα αὐτόν, τί ὄνομά σοι;[4] καὶ λέγει αὐτῷ, Λεγιὼν ὄνομά μοι, ὅτι πολλοί ἐσμεν.

---

[1] Did you notice that the demonstrative is functioning as a personal pronoun? It is more apparent if you can remember the context.

[2] Why is this verb in this tense?

[3] Note the gender. ἀδελφή occurs twenty-six times in the New Testament, but it is easy to remember.

[4] This expression is slightly idiomatic, somewhat common in the New Testament, and you should be able to figure out what it means.

7. αὐτὸς γὰρ ἐγίνωσκεν[5] τί ἦν ἐν τῷ ἀνθρώπῳ.

8. ἐπηρώτων αὐτὸν οἱ μαθηταὶ αὐτοῦ τὴν παραβολήν.[6]

9. καὶ μετὰ ταῦτα περιεπάτει ὁ Ἰησοῦς ἐν τῇ Γαλιλαίᾳ· οὐ γὰρ ἤθελεν ἐν τῇ Ἰουδαίᾳ περιπατεῖν (to walk), ὅτι ἐζήτουν αὐτὸν οἱ Ἰουδαῖοι ἀποκτεῖναι (to kill).

10. οἱ[7] μὲν οὖν συνελθόντες (when they had come together) ἠρώτων αὐτὸν λέγοντες (saying), κύριε, εἰ[8] ἐν τῷ χρόνῳ τούτῳ ἀποκαθιστάνεις (are you restoring) τὴν βασιλείαν τῷ Ἰσραήλ;

Additional

11. ὅτε ὁ Ἰησοῦς ἐν ταῖς συναγωγαῖς τῶν Ἰουδαίων ἐδίδασκεν ἐπὶ παντὶ τῷ σαββάτῳ, οἱ Φαρισαῖοι ἐπηρώτων τίνι ἐξουσίᾳ ἐκείνους τοὺς λόγους λαλεῖ.

---

[5]   Did you notice that the usual translation of the imperfect does not make a lot of sense in this verse? Think of the basic significance of the imperfect, and then you should see why it is in the imperfect.

[6]   Did you recognize that αὐτὸν and παραβολήν are a double accusative?

[7]   This is the same construction as the ὁ δέ I talked about at 10.25 in BBG, but because it is plural you translate "they."

[8]   εἰ is used here to introduce a question and does not need to be translated.

12. οἱ ἄνθρωποι οἳ διδάσκουσιν τὸν λόγον τοῦ θεοῦ ἐδιδάσκοντο μὴ κηρύσσειν (to preach) ἐν πολλῷ χρόνῳ;

13. ὁ δὲ οὐκ ἤθελεν,[9] εἶπεν δὲ τῇ γυναικὶ τοῦ κυρίου αὐτοῦ, ὁ κύριός μου οὐ γινώσκει[10] δι᾽ ἐμὲ οὐδὲν ἐν τῷ οἴκῳ αὐτοῦ καὶ πάντα ὅσα ἐστὶν αὐτῷ ἔδωκεν (he/she/it has given) εἰς τὰς χεῖράς μου…. τότε πῶς ποιήσω τὸ ῥῆμα[11] τὸ πονηρὸν τοῦτο;

14. καὶ ἠρώτα αὐτὸν ὁ βασιλεὺς κρυφαίως[12] εἰπεῖν (to say) εἰ ἔστιν λόγος παρὰ κυρίου, καὶ εἶπεν, ἔστιν.

15. καὶ αὐτὴ ἐλάλει ἐν τῇ καρδίᾳ αὐτῆς … καὶ φωνὴ αὐτῆς οὐκ ἠκούετο.

16. ἠρώτων αὐτὸν οἱ περὶ αὐτὸν σὺν τοῖς δώδεκα τὰς παραβολάς.

17. ἀληθῶς οὗτος ὁ ἄνθρωπος υἱὸς[13] θεοῦ ἦν.

18. παραβολαῖς πολλαῖς ἐλάλει αὐτοῖς τὸν λόγον καθὼς ἠδύναντο ἀκούειν (to listen).

19. ἀγαπητοί, οὐκ ἐντολὴν καινὴν γράφω ὑμῖν ἀλλ᾽ ἐντολὴν παλαιὰν ἣν εἴχετε[14] ἀπ᾽ ἀρχῆς.

20. ἐδίδασκεν γὰρ τοὺς μαθητὰς αὐτοῦ καὶ ἔλεγεν αὐτοῖς ὅτι ὁ υἱὸς τοῦ ἀνθρώπου παραδίδοται (he/she/it will be betrayed)[15] εἰς χεῖρας ἀνθρώπων, καὶ ἀποκτενοῦσιν αὐτόν.

End of Track 1

If you are following Track 1, then skip to page 145 and the exercises for chapter 22.

If you have been wanting more exercises to practice translating, you can now go to the Track Two exercises and work through them.

References

α. —; β. Mk 6:13; γ. Mk 1:5; δ. Mk 1:45; ε. (1 Cor 11:31); ζ. (Jn 5:46); η. Mk 2:2; **1.** Jn 2:21; **2.** Mk 2:13; **3.** Lk 16:14; **4.** Mk 2:15; **5.** Jn 11:5; **6.** Mk 5:9; **7.** Jn 2:25; **8.** Mk 7:17; **9.** Jn 7:1; **10.** Ac 1:6; **11.** —; **12.** —; **13.** (Gen 39:8, 9); **14.** Jer 44:17; **15.** 1 Sam 1:13; **16.** Mk 4:10; **17.** Mk 15:39; **18.** Mk 4:33; **19.** 1 Jn 2:7; **20.** Mk 9:31.

---

[9]   Hint: This verb not only describes a wish but also a person's willingness to do something.

[10]   In this context γίνωσκω means "I am aware, I am concerned."

[11]   ῥῆμα can be translated as "thing" in this context.

[12]   κρυφαίως, "secretly."

[13]   The Roman centurion is speaking. Are you going to put "the" in front of this word?

[14]   What is the significance of the tense of this verb?

[15]   Actually, this verb is a present: "is betrayed." But in this case Jesus is using the present tense to denote the certainty with which this event will occur.

Exercise 16 – Track 2

Present Active Indicative

Parsing

Inflected	Person / Case	Number	Tense / Gender	Voice	Mood	Lexical form	Inflected meaning
1. λέγουσιν							
2. ἔχει							
3. πιστεύομεν							
4. λύεις							
5. ἀκούω							
6. βλέπουσι							
7. ἔργοις							
8. λέγετε							
9. λύει							
10. πιστεύεις							

Warm-up

α. πιστεύω.

β. τὴν φωνὴν αὐτοῦ ἀκούεις.

γ. πιστεύετε εἰς τὸν θεὸν.

δ. τὸ πρόσωπον τοῦ ἀγαπητοῦ μου βλέπουσιν.

ε. τότε ἀκούομεν τὸν νόμον μετὰ χαρᾶς.

ζ. τὸν δὲ νόμον τοῦ κυριοῦ οὐ λύετε.

η. βλέπει τὸν Ἰησοῦν.

Translation

1. τὴν ἀγάπην τοῦ θεοῦ οὐκ ἔχετε.

2. ὁ Πέτρος λέγει αὐτῷ, σὺ εἶ ὁ χριστός.

3. σὺ πιστεύεις εἰς τὸν υἱὸν τοῦ ἀνθρώπου;

4. ἐξουσίαν ἔχει ὁ υἱὸς τοῦ ἀνθρώπου ἀφιέναι (to forgive) ἁμαρτίας.

5. βλέπω Τωβιαν τὸν υἱόν μου.

6. εἶπεν αὐτοῖς ὁ Ἰησοῦς ... νῦν δὲ λέγετε ὅτι βλέπομεν.

7. οὐκ ἀκούετε, ὅτι ἐκ τοῦ θεοῦ οὐκ ἐστέ.

8. λέγουσιν τῷ τυφλῷ πάλιν (again), τί (what) σὺ λέγεις περὶ[1] αὐτοῦ;

9. καὶ εἶπεν Δαυὶδ πρὸς Σαούλ, τί (why) ἀκούεις τῶν λόγων τοῦ ὄχλου;

10. ὀφθαλμοὶ (eyes) αὐτοῖς[2] καὶ οὐ βλέπουσιν, ὦτα (ears) αὐτοῖς καὶ οὐκ ἀκούουσιν.

Additional

11. ὅτι ἐν τῷ οἴκῳ ἐστὶν ὁ Ἰησοῦς, οἱ ὄχλοι ἀκούουσιν τῶν λόγων τοῦ θεοῦ καὶ οἱ τυφλοὶ βλέπουσιν.

12. τὴν χαρὰν τοῦ κυρίου ἐν ταῖς καρδίαις τῶν ἀγαπητῶν βλέπεις;

13. καὶ εἶπεν κύριος πρὸς Μωϋσῆν, τί (why?) οὐ πιστεύουσίν μοι ἐν πᾶσιν (all) τοῖς σημείοις[3]

    οἷς (that) βλέπουσιν ἐν αὐτοῖς;

14. σὺ γὰρ ζωῆς καὶ θανάτου ἐξουσίαν ἔχεις.

---

[1] περί is a preposition meaning "about" that takes its object in the genitive.

[2] You may need to be a little idiomatic in your translation of this dative.

[3] σημεῖον, –ου, τό, "sign, miracle."

15. καὶ ἀκούουσιν οἱ ἀδελφοὶ αὐτοῦ καὶ ὁ οἶκος τοῦ πατρὸς (father) αὐτοῦ καὶ καταβαίνουσιν[4] πρὸς αὐτόν.

16. ἀπὸ δὲ καρποῦ τοῦ ξύλου ὅ (which) ἐστιν ἐν μέσῳ τοῦ παραδείσου[5] εἶπεν ὁ θεός, οὐ φάγεσθε (you will eat) ἀπ᾽ αὐτοῦ.

17. ἐγὼ δὲ ὅτι τὴν ἀλήθειαν λέγω, οὐ πιστεύετέ μοι.

18. ἀλλὰ διὰ τῆς χάριτος (grace) τοῦ κυρίου Ἰησοῦ πιστεύομεν σωθῆναι (that we are saved).

19. τότε λέγει αὐτῷ ὁ Πιλᾶτος, οὐκ[6] ἀκούεις πόσα (how many things) σου καταμαρτυροῦσιν;[7]

20. Ἰησοῦς δὲ ἔκραξεν (he/she/it cried out) καὶ εἶπεν, ὁ πιστεύων (one who believes) εἰς ἐμὲ οὐ πιστεύει εἰς ἐμὲ ἀλλὰ εἰς τὸν πέμψαντά (one who sent) με.

English to Greek

1. they say

2. you (plural) have

3. we believe

4. he sees

5. you (singular) hear

References

α. Mk 9:24; β. Jn 3:8; γ. Jn 14:1; δ. —; ε. —; ζ. —; η. Jn 1:29; **1.** Jn 5:42; **2.** Mk 8:29; **3.** Jn 9:35; **4.** Mk 2:10; **5.** Tob 11:14; **6.** Jn 9:41; **7.** Jn 8:47; **8.** (Jn 9:17); **9.** (1 Sam 24:10); **10.** Jer 5:21; **11.** —; **12.** —; **13.** (Num 14:11); **14.** Wsd 16:13; **15.** 1 Sam 22:1; **16.** Gen 3:3; **17.** Jn 8:45; **18.** Ac 15:11; **19.** (Mt 27:13); **20.** Jn 12:44.

---

[4] καταβαίνω, "I go down, come down."

[5] παράδεισος, –ου, ὁ, "paradise."

[6] The οὐκ shows that the speaker anticipates a positive answer. This is discussed in detail in 31.20 in the grammar.

[7] καταμαρτυρέω, "I testify against." Takes a direct object in the genitive.

Contract Verbs

Parsing

	Inflected	Person / Case	Number	Tense / Gender	Voice	Mood	Lexical form	Inflected meaning
1.	λαλοῦμεν							
2.	ἀγαπῶσι							
3.	τηρῶ							
4.	πληροῦτε							
5.	ζητοῦσιν							
6.	ἀγαπᾷ							
7.	καλεῖς							
8.	πληροῖ							
9.	δαιμόνια							
10.	ποιεῖ							

Warm-up

α. οὐ λαλῶ.

β. ἁμαρτίαν οὐ ποιεῖς.

γ. αὐτοὺς ἀγαπῶσιν.

δ. τὰς ἐντολὰς αὐτοῦ τηροῦμεν.

ε. Ἰησοῦν ζητεῖτε.

ζ. Δαυὶδ καλεῖ αὐτὸν.

η. λέγουσιν γὰρ καὶ οὐ ποιοῦσιν.

Translation

1. ὁ πατὴρ (father) ἀγαπᾷ τὸν υἱόν.

2. οὐκ ἀνθρώποις λαλεῖ ἀλλὰ θεῷ.

3. οἶδα αὐτὸν καὶ τὸν λόγον αὐτοῦ τηρῶ.

4. οὐ γὰρ οἴδασιν τί (what) ποιοῦσιν.

5. Τί (why?) δέ με[1] καλεῖτε, κύριε, κύριε, καὶ οὐ ποιεῖτε ἃ (what) λέγω;

6. ἐκ τοῦ κόσμου λαλοῦσιν καὶ ὁ κόσμος αὐτῶν ἀκούει.

---

[1]   με is the accusative of ἐγώ.

7. οἴδαμεν ὅτι μεταβεβήκαμεν (we have passed) ἐκ τοῦ θανάτου εἰς τὴν ζωήν, ὅτι ἀγαπῶμεν τοὺς ἀδελφούς (brothers).

8. λέγει τῷ Σίμωνι Πέτρῳ ὁ Ἰησοῦς, Σίμων Ἰωάννου,[2] ἀγαπᾷς με;

9. λέγει οὖν αὐτῷ ὁ Πιλᾶτος, ἐμοὶ[3] οὐ λαλεῖς; οὐκ οἶδας ὅτι ἐξουσίαν ἔχω;

10. σὺ πιστεύεις ὅτι εἷς (one) ἐστιν ὁ θεός, καλῶς (well) ποιεῖς· καὶ τὰ δαιμόνια πιστεύουσιν καὶ φρίσσουσιν (they tremble).

Additional

11. τοὺς νόμους καὶ τὰς ἐντολὰς τηροῦμεν, ὅτι ἀγαπῶμεν τὸν κύριον καὶ πιστεύομεν εἰς τὸν υἱὸν τοῦ θεοῦ.

---

[2] The word that Ἰωάννου would normally be modifying has been left out. It would specify the relationship between Σίμων and Ἰωάννου.

[3] ἐμοι is the dative of ἐγώ.

12. ἐν τῇ πρώτῃ ἡμέρᾳ τοῦ σαββάτου τὸν λόγον τοῦ θεοῦ λαλῶ τοῖς πιστοῖς.

13. ἀκούεις μου, Ἰακώβ, καὶ Ἰσραήλ, ὃν (whom) ἐγὼ καλῶ· ἐγώ εἰμι πρῶτος καὶ ἐγώ εἰμι εἰς τὸν αἰῶνα.[4]

14. οὐ λαλεῖ περὶ[5] ἐμοῦ καλά ἀλλὰ … κακά.

15. λέγει δὲ κύριος, ἰδού (behold), ποιῶ τὰ ἔσχατα ὡς (like) τὰ πρῶτα.

16. εἰ οὖν Δαυὶδ καλεῖ αὐτὸν κύριον, πῶς υἱὸς αὐτοῦ ἐστιν;

17. ὁ μὴ ἀγαπῶν (one who loves) με τοὺς λόγους μου οὐ τηρεῖ· καὶ ὁ λόγος ὃν (that) ἀκούετε οὐκ ἔστιν ἐμὸς ἀλλὰ τοῦ … πατρός.[6]

18. καὶ κατεδίωξεν[7] αὐτὸν Σίμων καὶ οἱ μετ᾽ αὐτοῦ, καὶ εὗρον (they found) αὐτὸν καὶ λέγουσιν αὐτῷ ὅτι πάντες (all) ζητοῦσίν σε.

19. οἱ μαθηταὶ λέγουσιν αὐτῷ, διὰ τί[8] ἐν παραβολαῖς λαλεῖς αὐτοῖς;

20. ὁ δοῦλος οὐκ οἶδεν τί (what) ποιεῖ αὐτοῦ ὁ κύριος.

Summary

1. διὰ τί means "why?" (sentence 19).

References

α. Jn 14:10; β. (1 Jn 3:9); γ. Lk 6:32; δ. 1 Jn 3:22; ε. Mk 16:6; ζ. Mt 22:45; η. Mt 23:3; **1**. Jn 3:35; **2**. 1 Cor 14:2; **3**. Jn 8:55; **4**. Lk 23:34; **5**. Lk 6:46; **6**. 1 Jn 4:5; **7**. 1 Jn 3:14; **8**. Jn 21:15; **9**. Jn 19:10; **10**. Jas 2:19; **11**. —; **12**. —; **13**. (Isa 48:12); **14**. (1 Kgs 22:8); **15**. Barn 6:13; **16**. Mt 22:45; **17**. Jn 14:24; **18**. Mk 1:36–37; **19**. (Mt 13:10); **20**. Jn 15:15.

---

[4] εἰς τὸν αἰῶνα is an idiom meaning "forever."

[5] περί is a preposition meaning, in this case, "concerning," and takes its object in the genitive.

[6] πατρός means "father" and is genitive.

[7] κατεδίωξεν means "he/she/it sought intently." It describes a searching done in earnest. How does knowing this help you better understand the passage?

κατά is often used to form a compound verb, and carries with it an intensifying force. It is called the "perfective" use of the preposition. For example, ἐργάζομαι means "I work" while κατεργάζομαι means "I work out thoroughly, I accomplish." The verb ἐσθίω means "I eat" while κατεσθίω means "I eat up thoroughly, I devour." Likewise, διώκω means "I search for" while καταδιώκω means "I search for thoroughly, I seek intently." (For other examples of the perfective use of prepositions see Metzger, 81–85.) There is a danger here, though. You cannot always assume that a compound word carries the meaning of its parts. That is called the "Root Fallacy" (see D. A. Carson, *Exegetical Fallacies* [Grand Rapids: Baker, 1996]). Sometimes a compound verb has the same meaning as the simple form of the verb. As always, let context be your guide.

[8] διὰ τί is an idiom meaning "why?" but you could probably guess that from the meaning of the two words.

Exercise 18 – Track 2

Present Middle/Passive Indicative

Parsing

	Inflected	Person / Case	Number	Tense / Gender	Voice	Mood	Lexical form	Inflected meaning
1.	ἀκούεται							
2.	λύεσθε							
3.	ἔρχομαι							
4.	ἀποκρίνεται							
5.	πορεύονται							
6.	ἔρχεσθε							
7.	ἀποκρίνῃ							
8.	συνάγει							
9.	ἀγαπώμεθα							
10.	δύνανται							

Warm-up

α. συνάγεται πρὸς αὐτὸν ὄχλος.

β. ἔρχεται εἰς οἶκον.

γ. καλεῖται Βηθλέεμ.

δ. λέγουσιν αὐτῷ, ἐρχόμεθα.

ε. ὁ δὲ Ἰησοῦς ἀποκρίνεται αὐτοῖς.

ζ. ἔρχονται πρὸς τὸν Ἰησοῦν.

η. καὶ πορεύεσθε εἰς τὸν τόπον.

Translation

The non-deponent verbs you know occur rarely in the middle or passive in the New Testament (and even the LXX), and hence the paucity of examples below. The verbs δύναμαι and ἔρχομαι are common middle-only / deponents.

1. καὶ συνάγονται οἱ ἀπόστολοι πρὸς τὸν Ἰησοῦν.

2. λέγουσιν αὐτῷ, δυνάμεθα.

3. τότε ἔρχεται μετ' αὐτῶν ὁ Ἰησοῦς.

4. ὅπου εἰμὶ ἐγὼ ὑμεῖς (you) οὐ δύνασθε ἐλθεῖν (to go).

5. πορεύομαι ἑτοιμάσαι (to prepare) τόπον ὑμῖν (for you).

6. νῦν δὲ πρὸς σὲ (you) ἔρχομαι καὶ ταῦτα (these things) λαλῶ ἐν τῷ κόσμῳ.

7. μὴ γὰρ ἐκ τῆς Γαλιλαίας ὁ χριστὸς ἔρχεται;

8. λέγει αὐτοῖς ὁ Ἰησοῦς, πιστεύετε ὅτι δύναμαι τοῦτο (this) ποιῆσαι (to do); λέγουσιν αὐτῷ, ναί (yes).

9. καὶ γὰρ ἐγὼ ἄνθρωπός εἰμι ὑπὸ ἐξουσίαν ... καὶ λέγω τούτῳ (to this one), πορεύθητι (go!), καὶ πορεύεται, καὶ ἄλλῳ, ἔρχου (come!), καὶ ἔρχεται, καὶ τῷ δούλῳ μου, ποίησον (do!) τοῦτο, καὶ ποιεῖ.

10. καὶ εἶπεν αὐτῇ ὁ ἄγγελος κυρίου, Ἀγὰρ ... πόθεν (from where?) ἔρχῃ καὶ ποῦ (where?) πορεύῃ; καὶ εἶπεν, ἀπὸ προσώπου Σάρας τῆς κυρίας.[1]

Additional

11. εἰς τὴν οἰκίαν ἐρχόμεθα, οἴδαμεν γὰρ ὅτι ὁ Ἰησοῦς τοῖς ὄχλοις ἐκεῖ (there) λαλεῖ.

12. ὁ δὲ Ἰησοῦς ἀποκρίνεται τοῖς πονηροῖς ὅτι ὑπὸ τῶν πιστῶν ἀγαπᾶται.

---

[1] You should be able to guess what κυρίας means based on its gender.

13. καὶ ἔρχονται οἱ ἄγγελοι εἰς τὸν τόπον ἐκεῖνον[2] καὶ λαλοῦσιν τοὺς λόγους εἰς τὰ ὦτα[3] τοῦ ὄχλου.

14. οὐκ εἰσὶν λόγοι ὅτι οὐκ ἀκούονται αἱ φωναὶ αὐτῶν.

15. γενεὰ[4] πορεύεται καὶ γενεὰ ἔρχεται καὶ ἡ γῆ[5] εἰς τὸν αἰῶνα ἕστηκεν (he/she/it remains).

16. καρδίᾳ γὰρ πιστεύεται εἰς δικαιοσύνην, στόματι[6] δὲ ὁμολογεῖται εἰς σωτηρίαν.

17. καὶ εἶπεν ὁ ἀνὴρ ὁ πρεσβύτης, ποῦ πορεύῃ καὶ πόθεν ἔρχῃ;

18. τί οὗτος οὕτως λαλεῖ; βλασφημεῖ· τίς δύναται ἀφιέναι (to forgive) ἁμαρτίας εἰ μὴ εἷς ὁ θεός;

19. πιστεύεται τὰ ἔργα τοῦ σατανᾶ, τῷ δὲ κοσμῷ λύεται ἡ κακὴ ζωὴ αὐτοῦ ὑπὸ τοῦ Ἰησοῦ.

20. καὶ εἶπεν αὐτῷ Ναθαναήλ, ἐκ Ναζαρὲτ δύναταί τι (what) ἀγαθὸν εἶναι (to come);

References

α. Mk 4:1; β. Mk 3:20; γ. Lk 2:4; δ. Jn 21:3; ε. Jn 12:23; ζ. Mk 5:15; η. 1 Sam 29:10; **1**. Mk 6:30; **2**. Mt 20:22; **3**. Mt 26:36; **4**. Jn 7:34; **5**. Jn 14:2; **6**. Jn 17:13; **7**. Jn 7:41; **8**. Mt 9:28; **9**. Lk 7:8; **10**. Gen 16:8; **11**. —; **12**. —; **13**. (1 Sam 11:4); **14**. (Ps 19:3 [LXX 18:4]); **15**. Eccl 1:4; **16**. Rom 10:10; **17**. Judg 19:17; **18**. Mk 2:7; **19**. —; **20**. Jn 1:46.

---

[2] ἐκεῖνος, –η, –ο, "that, those."

[3] οὖς, ὠτός, τό, "ear."

[4] γενεά, –ᾶς, ἡ, "generation."

[5] γῆ, γῆς, ἡ, "earth, land."

[6] στόματι is the dative singular of the word meaning "mouth."

Exercise 21 – Track 2

Imperfect Indicative

Parsing

	Inflected	Person / Case	Number	Tense / Gender	Voice	Mood	Lexical form	Inflected meaning
1.	ἐπίστευες							
2.	ἠκούετε							
3.	ἠκολουθοῦμεν							
4.	ἤρχετο							
5.	ἐπορεύοντο							
6.	ἐπληροῦ							
7.	ἐδιδάσκετε							
8.	ἐπορευόμην							
9.	περιεπάτει							
10.	ἐπηρώτων							

Warm-up

α. ἐζητοῦμεν αὐτόν.

β. ἐποίεις τὸν κόσμον.

γ. ἠκολούθουν αὐτῷ.

δ. οἱ Φαρισαῖοι ἔβλεπον πρὸς αὐτόν.

ε. ἐγὼ δὲ … ἠρχόμην ἐκ Μεσοποταμίας.

ζ. ἐπορεύοντο καὶ ἐλάλουν.

η. οἱ νόμοι τοῦ θεοῦ ὑπὸ τοῦ Ἰησοῦ ἐποιοῦντο.

Translation

1. αὐτὸς ἐδίδασκεν[1] ἐν ταῖς συναγωγαῖς αὐτῶν.

2. ἐποίει ὡς ἤθελε.

3. ὁ ἄνθρωπος υἱὸς[2] θεοῦ ἦν.

4. παραβολαῖς πολλαῖς (many) ἐλάλει αὐτοῖς τὸν λόγον καθὼς ἠδύναντο ἀκούειν (to listen).

5. καὶ αὐτὴ ἐλάλει ἐν τῇ καρδίᾳ αὐτῆς … καὶ φωνὴ αὐτῆς οὐκ ἠκούετο.

6. ὁ … Πέτρος ἐτηρεῖτο ἐν τῇ φυλακῇ (prison).

---

[1]   It is permissible to add the word "began" before your translation of the imperfect if it fits the context. This is a special use of the tense called the "inceptive imperfect" that emphasizes the beginning of an action. See the "Exegesis" section of chapter 21 in the grammar, number 2.

[2]   The Roman centurion is speaking. Are you going to put "the" in front of this word?

7. ἠγάπα[3] δὲ ὁ Ἰησοῦς τὴν Μάρθαν καὶ τὴν ἀδελφὴν[4] αὐτῆς καὶ τὸν Λάζαρον.

8. [5] ἠρώτων αὐτὸν οἱ περὶ (around) αὐτὸν σὺν (with) τοῖς δώδεκα (twelve) τὰς παραβολάς.

9. λέγει αὐτοῖς ὁ Ἰησοῦς, εἰ τέκνα (children) τοῦ Ἀβραάμ ἐστε, τὰ ἔργα τοῦ Ἀβραὰμ ἐποιεῖτε.[6]

10. καὶ μετὰ ταῦτα[7] περιεπάτει ὁ Ἰησοῦς ἐν τῇ Γαλιλαίᾳ· οὐ γὰρ ἤθελεν ἐν τῇ Ἰουδαίᾳ (Judea)

    περιπατεῖν (to walk), ὅτι ἐζήτουν αὐτὸν οἱ Ἰουδαῖοι (Jews) ἀποκτεῖναι (to kill).

Additional

11. ἐν ταῖς ἡμέραις τοῦ Ἰησοῦ οἱ πονηροὶ δαιμονίοις ἠκολούθουν ἀλλὰ οἱ ἀγαθοὶ τῷ κυρίῳ.

12. οἱ δὲ ἄγγελοι ἤκουον τοῦ ἀποστόλου, ἐδίδασκεν γὰρ τοὺς Φαρισαίους ἐν τῇ συναγωγῇ.

---

[3] Why is this verb in this tense?

[4] Note the gender. ἀδελφή occurs twenty-six times in the New Testament, but it is easy to remember.

[5] Hint: Locate the subject; it is a phrase.

[6] This is what is called a "conditional sentence," which is an "if … then …" construction. It is also a special type of conditional sentence called "contrary to fact," where the speaker knows that the "if" clause is not true. In Classical Greek, a contrary to fact condition that related to a present situation had an imperfect tense in the "if" clause and an imperfect in the "then" clause. (Sentence 9 here, however, has a present tense in the "if" clause.) In English, we form this type of conditional sentence in the "then" clause using "would." I will discuss conditional sentences in detail in chapter 35.

[7] ταῦτα is the accusative plural neuter of οὗτος.

13. καὶ ἔλεγον, ἀγαθὴ ἡ γῆ (land).

14. οἱ Λευῖται ἐδίδασκον τὸν νόμον κυρίου.

15. ὁ ὄχλος ἤρχετο πρὸς αὐτόν, καὶ ἐδίδασκεν αὐτούς.

16. καὶ ἐπορεύεσθε ὀπίσω θεῶν ἀλλοτρίων.

17. ὅτε ἤμην νήπιος, ἐλάλουν ὡς νήπιος.

18. ἐπηρώτα αὐτὸν καὶ λέγει αὐτῷ, σὺ εἶ ὁ χριστὸς ὁ υἱὸς τοῦ εὐλογητοῦ;

19. ἀγαπητοί, οὐκ ἐντολὴν καινὴν γράφω ὑμῖν (to you) ἀλλ᾽ ἐντολὴν παλαιὰν ἣν (that) εἴχετε ἀπ᾽ ἀρχῆς.

20. καὶ εὐθὺς τοῖς σάββασιν[8] εἰσελθὼν (after entering) εἰς τὴν συναγωγὴν ἐδίδασκεν.

Summary

1. The imperfect can be used to emphasize the beginning of an action ("inceptive imperfect"). You can add the word "began" to your translation.

2. In Classical Greek, a contrary to fact condition that related to a present situation had an imperfect tense in both the "if" and "then" clauses. In English we form this type of conditional sentence in the "then" clause using "would," and the imperfect is not translated as past continuous.

References

α. (Lk 2:48); β. Wsd 9:9; γ. Mk 2:15; δ. —; ε. Gen 48:7; ζ. 2 Kgs 2:11; η —; **1**. Lk 4:15; **2**. Dan 8:4; **3**. Mk 15:39; **4**. Mk 4:33; **5**. 1 Sam 1:13; **6**. Ac 12:5; **7**. Jn 11:5; **8**. Mk 4:10; **9**. Jn 8:39; **10**. Jn 7:1; **11**. —; **12**. —; **13**. Deut 1:25; **14**. 1 Esdr 9:48; **15**. Mk 2:13; **16**. Jer 7:9; **17**. 1 Cor 13:11; **18**. Mk 14:61; **19**. 1 Jn 2:7; **20**. Mk 1:21.

---

[8] Treat this word as if it were σάββατοις. It will make sense in chapter 10 (i.e., it uses a third declension ending in the dative plural).

Review #3 – Track 2

Grammar

1. Define the following three aspects, clearly differentiating among them.

   a. Imperfective

   b. Perfective

   c. Punctiliar

2. Write out the twelve forms of λύω, present active and passive.

	active		active
1st sg		1st pl	
2nd sg		2nd pl	
3rd sg		3rd pl	
	passive		passive
1st sg		1st pl	
2nd sg		2nd pl	
3rd sg		3rd pl	

3. Write out the Master Indicative Verb Chart

Tense	Aug/Redup	Tense stem	Tense formative	Conn. vowel	Personal endings	1st sing paradigm
Pres act						
Pres mid/pas						
Imperf act						
Imperf mid/pas						

4. What are "The Big Five" contraction rules?

    a.

    b.

    c.

    d.

    e.

5. What vowels form the following contractions? (Give different contractions for the repeated diphthongs.)

    a. ει

    b. ει (another combination)

    c. α

    d. ου

    e. ου (another combination)

    f. ου (another combination)

    g. ω

6. How do you form the following English tenses with the verb "eat"?

    α. Present active imperfective

    b. Present passive perfective

7. Define what a "deponent" verb is and give one example.

8. When are primary and secondary endings used?

    a. Primary

    b. Secondary

9. What are the three basic rules of augmentation?

    a. Verbs beginning with a consonant

    b. Verbs beginning with a vowel

    c. Verbs beginning with a diphthong

Parsing

	Inflected	Person / Case	Number	Tense / Gender	Voice	Mood	Lexical form	Inflected meaning
1.	ἀκούετε							
2.	ἤθελεν							
3.	πορεύεται							
4.	ἀγαθαί							
5.	πιστεύει							
6.	εἶχεν							
7.	τηροῦμαι							
8.	ἐδίδασκεν							
9.	ἠρώτουν							
10.	ἀγαπῶμεν							
11.	ἐδύνατο							
12.	λαλῶ							
13.	περιπατοῦμεν							
14.	πληροῖ							
15.	ἤρχοντο							

Translation: 1 John 1:5 – 2:5

1:5 καὶ ἔστιν αὕτη (this) ἡ ἀγγελία[1] ἣν (which) ἀκηκόαμεν (we have heard) ἀπ᾽ αὐτοῦ καὶ ἀναγγέλλομεν[2] ὑμῖν (to you), ὅτι ὁ θεὸς φῶς[3] ἐστιν καὶ σκοτία ἐν αὐτῷ οὐκ ἔστιν οὐδεμία (none). 1:6 ἐὰν εἴπωμεν (we say) ὅτι κοινωνίαν ἔχομεν μετ᾽ αὐτοῦ καὶ ἐν τῷ σκότει (darkness) περιπατῶμεν (we are walking), ψευδόμεθα[4] καὶ οὐ ποιοῦμεν τὴν ἀλήθειαν· 1:7 ἐὰν δὲ ἐν τῷ φωτὶ περιπατῶμεν

---

[1] ἀγγελία, –ας, ἡ, "message."

[2] ἀναγγέλλω, "I proclaim."

[3] φῶς means "light." Its dative form is coming up: φωτί.

[4] ψεύδομαι, "I lie."

ὡς αὐτός ἐστιν ἐν τῷ φωτί, κοινωνίαν ἔχομεν μετ᾽ ἀλλήλων καὶ τὸ αἷμα Ἰησοῦ τοῦ υἱοῦ αὐτοῦ

καθαρίζει[5] ἡμᾶς (us) ἀπὸ πάσης ἁμαρτίας. 1:8 ἐὰν εἴπωμεν ὅτι ἁμαρτίαν οὐκ ἔχομεν, ἑαυτοὺς

(ourselves) πλανῶμεν[6] καὶ ἡ ἀλήθεια οὐκ ἔστιν ἐν ἡμῖν (us). 1:9 ἐὰν ὁμολογῶμεν (we confess) τὰς

ἁμαρτίας ἡμῶν (our), πιστός ἐστιν καὶ δίκαιος, ἵνα ἀφῇ (he/she/it will forgive) ἡμῖν τὰς ἁμαρτίας καὶ

καθαρίσῃ (he/she/it will cleanse) ἡμᾶς ἀπὸ πάσης ἀδικίας. 1:10 ἐὰν εἴπωμεν ὅτι οὐχ ἡμαρτήκαμεν (we

have sinned), ψεύστην ποιοῦμεν αὐτὸν καὶ ὁ λόγος αὐτοῦ οὐκ ἔστιν ἐν ἡμῖν.

2:1 τεκνία[7] μου, ταῦτα (these things) γράφω[8] ὑμῖν (to you) ἵνα μὴ ἁμάρτητε (you might sin).

καὶ ἐάν τις (someone) ἁμάρτῃ (he/she/it sins), παράκλητον[9] ἔχομεν πρὸς τὸν πατέρα (father) Ἰησοῦν

Χριστὸν δίκαιον· 2:2 καὶ αὐτὸς ἱλασμός[10] ἐστιν περὶ τῶν ἁμαρτιῶν ἡμῶν, οὐ περὶ τῶν ἡμετέρων[11] δὲ

μόνον ἀλλὰ καὶ περὶ ὅλου[12] τοῦ κόσμου.

2:3 καὶ ἐν τούτῳ (this) γινώσκομεν ὅτι ἐγνώκαμεν (we have known) αὐτόν, ἐὰν τὰς ἐντολὰς

αὐτοῦ τηρῶμεν. 2:4 ὁ λέγων (one who says) ὅτι ἔγνωκα (I have known) αὐτὸν καὶ τὰς ἐντολὰς αὐτοῦ

μὴ τηρῶν (is keeping), ψεύστης ἐστὶν καὶ ἐν τούτῳ[13] ἡ ἀλήθεια οὐκ ἔστιν· 2:5 ὃς (who) δ᾽ ἂν τηρῇ

(he/she/it is keeping) αὐτοῦ τὸν λόγον, ἀληθῶς ἐν τούτῳ ἡ ἀγάπη τοῦ θεοῦ τετελείωται (he/she/it has

been perfected), ἐν τούτῳ γινώσκομεν ὅτι ἐν αὐτῷ ἐσμεν.

---

[5] καθαρίζω, "I cleanse."

[6] πλανάω, "I deceive."

[7] τεκνίον, –ου, τό, "little child."

[8] γράφω, "I write."

[9] παράκλητος, –ου, ὁ, "mediator, intercessor, helper."

[10] ἱλασμός, –οῦ, ὁ, "expiation, atoning sacrifice."

[11] ἡμέτερος, –α, –ον, "our."

[12] ὅλος, –η, –ον, "whole." A peculiarity of this adjective is that it occurs in the predicate position when it is functioning as
an attributive.

[13] τούτῳ is the dative of οὗτος. In this case it is masculine. The same form can also be neuter. Note that there are two later
occurrences in 2:5; the first one is masculine and the second one is neuter.

Third Declension

Write out the master paradigm of all case endings.

	masc	*fem*	*neut*		*masc/fem*	*neut*
nom sg						
gen sg						
dat sg						
acc sg						

	masc	*fem*	*neut*		*masc/fem*	*neut*
nom pl						
gen pl						
dat pl						
acc pl						

Parsing

	Inflected	Case	Number	Gender	Lexical form	Inflected meaning
1.	σαρκί					
2.	πάσας					
3.	σῶμα					
4.	σαρξί					
5.	πνεύματα					
6.	ἕνα					
7.	πᾶσιν					
8.	σάρκες					
9.	τίνας					
10.	οὐδένα					

Warm-up

α. πάντες ἔρχονται πρὸς αὐτόν.

β. διὰ τὸ ὄνομα μου

γ. τὴν σάρκα τοῦ υἱοῦ τοῦ ἀνθρώπου

δ. εἰς ὄνομα προφήτου

ε. Οὐ περὶ πάντων … λέγω.

ζ. τινὰς ἐξ αὐτῶν

η. οὐδὲν ἀποκρίνῃ τί οὗτοι λέγουσιν;

Translation

1. πάντα δὲ ποιῶ διὰ τὸ εὐαγγέλιον.

2. ἔλεγεν περὶ τοῦ ναοῦ (temple) τοῦ σώματος αὐτοῦ.

3. πνεῦμα σάρκα καὶ ὀστέα (bones) οὐκ ἔχει.

4. τὸ γεγεννημένον[1] ἐκ τῆς σαρκὸς σάρξ ἐστιν, καὶ τὸ γεγεννημένον ἐκ τοῦ πνεύματος πνεῦμά ἐστιν.

5. ἀποκατήλλαξεν (he/she/it has reconciled) ἐν τῷ σώματι τῆς σαρκὸς αὐτοῦ διὰ τοῦ θανάτου.

6. τί με λέγεις ἀγαθόν; οὐδεὶς ἀγαθὸς εἰ μὴ εἷς ὁ θεός.

---

[1] τὸ γεγεννημένον means "that which has been born."

7. οὐκ ἐστὲ ἐν σαρκὶ ἀλλὰ ἐν πνεύματι, εἴπερ (if) πνεῦμα θεοῦ οἰκεῖ (he/she/it dwells) ἐν ὑμῖν (you). εἰ δέ τις πνεῦμα Χριστοῦ οὐκ ἔχει, οὗτος οὐκ ἔστιν αὐτοῦ.

8. ἔλεγον οὖν ἐκ τῶν Φαρισαίων τινές, οὐκ ἔστιν οὗτος παρὰ θεοῦ … ὅτι τὸ σάββατον οὐ τηρεῖ.

9. ἀγαπητοί, μὴ παντὶ πνεύματι πιστεύετε[2] ἀλλὰ δοκιμάζετε (test!) τὰ πνεύματα εἰ ἐκ τοῦ θεοῦ ἐστιν…. ἐν τούτῳ (this) γινώσκετε (you know) τὸ πνεῦμα τοῦ θεοῦ· πᾶν πνεῦμα ὃ (that) ὁμολογεῖ (he/she/it confesses) Ἰησοῦν Χριστὸν ἐν σαρκὶ ἐληλυθότα (has come) ἐκ τοῦ θεοῦ ἐστιν, καὶ πᾶν πνεῦμα ὃ μὴ ὁμολογεῖ τὸν Ἰησοῦν[3] ἐκ τοῦ θεοῦ οὐκ ἔστιν·[4] καὶ τοῦτό ἐστιν τὸ[5] τοῦ ἀντιχρίστου (antichrist), ὃ (which) ἀκηκόατε (you heard) ὅτι ἔρχεται, καὶ νῦν ἐν τῷ κόσμῳ ἐστὶν ἤδη.[6]

10. οἶδά σε (you) τίς εἶ, ὁ ἅγιος τοῦ θεοῦ.

---

[2] πιστεύετε is actually an imperative stating a command, even though it looks just like an indicative.

[3] Remember I said earlier that when there are two parallel thoughts, the author feels free to omit some of the words in the second phrase. They are assumed from the first phrase.

[4] This heresy John is refuting became known as *docetism,* formed from the Greek word δοκέω that means to "think," "appear," "seem." Docetism taught that Christ only appeared to be human. People have always had trouble understanding the incarnation, and fortunately the church condemned docetism.

[5] Because of the parallel structure of these verses, John in typical fashion has omitted the word that you would normally expect after τό. Do you know what that word would be? Hint: It must be neuter singular because of the article, but you knew that. Right! πνεῦμα.

[6] Notice how Greek can pile up adverbs to intensify their significance (νῦν … ἤδη).

Additional

11. πάντες οἱ πιστοὶ σὺν τῷ κυρίῳ περιπατοῦσιν δία τὸν θάνατον τοῦ υἱοῦ τοῦ θεοῦ.

12. ὁ δὲ θεὸς οἶδεν τὰ ὀνόματα τῶν ἁγίων καὶ καλεῖ τοὺς ἀγαπητοὺς αὐτοῦ εἰς τὴν βασιλείαν τοῦ Χρίστου.

13. ὁ γὰρ λαλῶν (one who speaks) γλώσσῃ[7] οὐκ ἀνθρώποις λαλεῖ ἀλλὰ θεῷ· οὐδεὶς γὰρ ἀκούει, πνεύματι δὲ λαλεῖ μυστήρια.[8]

14. τοῦτο νῦν … σὰρξ ἐκ τῆς σαρκὸς μου.

15. ἐγὼ καὶ ὁ πατὴρ ἕν ἐσμεν.

16. οἴδαμεν ὅτι οἶδας πάντα.

17. τοῖς πᾶσιν γέγονα (I have become) πάντα.[9]

18. λέγει αὐτῷ Ἰησοῦς, ἐγώ εἰμι ἡ ὁδὸς καὶ ἡ ἀλήθεια καὶ ἡ ζωή· οὐδεὶς ἔρχεται πρὸς τὸν πατέρα (father) εἰ μὴ δι' ἐμοῦ.

19. οὐκέτι λέγω ὑμᾶς (you) δούλους, ὅτι ὁ δοῦλος οὐκ οἶδεν τί ποιεῖ αὐτοῦ ὁ κύριος.

20. λέγει αὐτῷ ὁ Πιλᾶτος, τί ἐστιν ἀλήθεια; … καὶ λέγει αὐτοῖς, ἐγὼ οὐδεμίαν εὑρίσκω ἐν αὐτῷ αἰτίαν.

References

α. Jn 3:26; β. Mt 10:22; γ. Jn 6:53; δ. Mt 10:41; ε. Jn 13:18; ζ. Rom 11:14; η. (Mt 26:62); **1.** 1 Cor 9:23; **2.** Jn 2:21; **3.** Lk 24:39; **4.** Jn 3:6; **5.** Col 1:22; **6.** Mk 10:18; **7.** Rom 8:9; **8.** Jn 9:16; **9.** 1 Jn 4:1–3; **10.** Lk 4:34; **11.** —; **12.** —; **13.** 1 Cor 14:2; **14.** 1 Clem 6:3; **15.** Jn 10:30; **16.** Jn 16:30; **17.** 1 Cor 9:22; **18.** Jn 14:6; **19.** Jn 15:15; **20.** Jn 18:38.

---

[7] γλῶσσα, –ης, ἡ, "tongue, language."

[8] μυστήριον, –ου, τό, "mystery."

[9] Hint: The first πᾶς is masculine, and the second is neuter.

First and Second Person Personal Pronouns

Parsing

Inflected	Person / Case	Number	Tense / Gender	Voice	Mood	Lexical form	Inflected meaning
1. σοι							
2. ἡμῶν							
3. ὑμεῖς							
4. ἐλπίδα							
5. σε							
6. χάριτας							
7. ἡμᾶς							
8. πίστεως							
9. ὑμῖν							
10. πατρός							

Warm-up

α. οὐκ οἶδα ὑμᾶς.

β. σὺ ἔρχῃ πρός με;

γ. ἔχετε πίστιν;

δ. ἐν τῷ ὀνόματι τοῦ πατρός μου

ε. διὰ πίστεως γὰρ περιπατοῦμεν.

ζ. ὑμεῖς ἐστε τὸ φῶς τοῦ κόσμου.

η. οὐδὲν ἀποκρίνῃ;

Translation

1. ἀπεκρίθη Θωμᾶς καὶ εἶπεν αὐτῷ, ὁ κύριός μου καὶ ὁ θεός μου.

2. Παῦλος ἀπόστολος Χριστοῦ Ἰησοῦ κατ' ἐπιταγὴν (command) θεοῦ σωτῆρος (savior) ἡμῶν καὶ Χριστοῦ Ἰησοῦ τῆς ἐλπίδος ἡμῶν.

3. Παῦλος καὶ Σιλουανὸς καὶ Τιμόθεος τῇ ἐκκλησίᾳ Θεσσαλονικέων ἐν θεῷ πατρὶ ἡμῶν καὶ κυρίῳ Ἰησοῦ Χριστῷ.

4. λέγω δὲ ὑμῖν ὅτι οὐδὲ Σολομὼν ἐν πάσῃ τῇ δόξῃ αὐτοῦ περιεβάλετο (he/she/it was clothed) ὡς ἓν τούτων (of these).

5. οὐ τὸ ἔργον μου ὑμεῖς ἐστε ἐν κυρίῳ;[1]

6. μισθὸν (reward) οὐκ ἔχετε παρὰ τῷ πατρὶ ὑμῶν τῷ ἐν τοῖς οὐρανοῖς.

7. δικαιωθέντες (having been justified) οὖν ἐκ πίστεως εἰρήνην (peace) ἔχομεν πρὸς τὸν θεὸν διὰ τοῦ κυρίου ἡμῶν Ἰησοῦ Χριστοῦ.

---

[1] The οὐ beginning this sentence is the Greek way of saying that the speaker expects the answer to be "Yes." I will discuss this in detail in chapter 31.

8. ποιεῖτε τὰ ἔργα τοῦ πατρὸς ὑμῶν. εἶπαν (they said) αὐτῷ, ... ἕνα πατέρα ἔχομεν τὸν θεόν.

9. καὶ εὑρεθῶ (I may be found) ἐν αὐτῷ, μὴ ἔχων (having) ἐμὴν δικαιοσύνην (righteousness) τὴν ἐκ νόμου ἀλλὰ τὴν διὰ πίστεως Χριστοῦ, τὴν ἐκ θεοῦ δικαιοσύνην ἐπὶ τῇ πίστει.

10. ἰδοὺ ἡ μήτηρ σου καὶ οἱ ἀδελφοί σου ἔξω ζητοῦσίν σε. καὶ ἀποκριθεὶς (answering) αὐτοῖς λέγει, τίς ἐστιν ἡ μήτηρ μου καὶ οἱ ἀδελφοί μου; ... ἴδε ἡ μήτηρ μου καὶ οἱ ἀδελφοί μου. ὃς (who) ἂν ποιήσῃ (he/she/it does) τὸ θέλημα τοῦ θεοῦ, οὗτος (this one) ἀδελφός μου καὶ ἀδελφὴ[2] καὶ μήτηρ ἐστίν.

Additional

11. ὅτι ὁ πατὴρ καὶ ἡ μήτηρ ἡμῶν ἡμᾶς ἀγαπῶσιν, δυνάμεθα χαρὰν ἐν ταῖς καρδίαις ἡμῶν εὑρίσκειν (to find).

12. ἐπὶ τῇ ἡμέρᾳ οἱ ἄνδρες πορεύονται πρὸς τοὺς τόπους τοῦ ἔργου καὶ ἐπὶ τῇ νυκτὶ ἔρχονται εἰς τοὺς οἴκους αὐτῶν.

---

[2] This actual word does not occur fifty or more times; but by knowing that it follows natural gender, you should be able to determine its meaning.

13. τίμα (honor!) τὸν πατέρα σου καὶ τὴν μητέρα σου.

14. οὐ πᾶς ὁ λέγων[3] μοι, κύριε[4] κύριε, εἰσελεύσεται (he/she/it will enter) εἰς τὴν βασιλείαν τῶν οὐρανῶν, ἀλλ᾽ ὁ ποιῶν (one who is doing) τὸ θέλημα τοῦ πατρός μου τοῦ ἐν τοῖς οὐρανοῖς.

15. εἷς γάρ ἐστιν ὑμῶν ὁ διδάσκαλος,[5] πάντες δὲ ὑμεῖς ἀδελφοί ἐστε.

16. ἀπεκρίθη αὐτοῖς ὁ Ἰησοῦς, εἶπον (I told) ὑμῖν καὶ οὐ πιστεύετε. τὰ ἔργα ἃ (that) ἐγὼ ποιῶ ἐν τῷ ὀνόματι τοῦ πατρός μου ταῦτα (these things) μαρτυρεῖ[6] περὶ ἐμοῦ. ἀλλὰ ὑμεῖς οὐ πιστεύετε, ὅτι οὐκ ἐστὲ ἐκ τῶν προβάτων τῶν ἐμῶν.

17. εὐχαριστῶ τῷ θεῷ μου … ἀκούων (because I hear of) σου τὴν ἀγάπην καὶ τὴν πίστιν, ἣν (which) ἔχεις πρὸς τὸν κύριον Ἰησοῦν καὶ εἰς πάντας τοὺς ἁγίους.

18. πάντα μοι παρεδόθη (they were given) ὑπὸ τοῦ πατρός μου, καὶ οὐδεὶς ἐπιγινώσκει[7] τὸν υἱὸν εἰ μὴ ὁ πατήρ, οὐδὲ τὸν πατέρα τις ἐπιγινώσκει εἰ μὴ ὁ υἱός.

19. καὶ ἐπηρώτα αὐτόν, τί ὄνομά σοι; καὶ λέγει αὐτῷ, Λεγιὼν ὄνομά μοι, ὅτι πολλοί ἐσμεν.

20. πέντε γὰρ ἄνδρας ἔσχες (you have had) καὶ νῦν ὃν (whom) ἔχεις οὐκ ἔστιν σου ἀνήρ.

English to Greek

Every once in a while I have found it helpful to go from English to Greek. Personal pronouns are important and quite easy. It is especially good to confirm that you understand the different forms of the English pronouns.

1. to me

2. our

3. us

4. you

5. my

6. to you (plural)

7. I

8. your

9. we

10. you (plural)

References

α. Mt 25:12; β. Mt 3:14; γ. Mk 4:40; δ. Jn 5:43; ε. 2 Cor 5:7; ζ. Mt 5:14; η. Mt 26:62; **1**. Jn 20:28; **2**. 1 Tim 1:1; **3**. 2 Th 1:1; **4**. Mt 6:29; **5**. 1 Cor 9:1; **6**. Mt 6:1; **7**. Rom 5:1; **8**. Jn 8:41; **9**. Phil 3:9; **10**. Mk 3:32–35; **11**. —; **12**. —; **13**. Mk 7:10; **14**. Mt 7:21; **15**. Mt 23:8; **16**. Jn 10:25–26; **17**. Phlm 1:4–5; **18**. Mt 11:27; **19**. Mk 5:9; **20**. Jn 4:18.

---

[3] In this context, ὁ λέγων together mean "the one who says."

[4] Do you recognize the case ending? You shouldn't. It is the vocative, the fifth and final case, which you will meet in chapter 13. It is used when addressing a person directly. Translate it as "Lord."

[5] διδάσκαλος, –ου, ὁ, "teacher."

[6] μαρτυρέω, "I witness." Why is the verb singular but the subject plural? What does this tell you about the author's intent? See 9.17 in BBG.

[7] ἐπιγινώσκω, "I know." ἐπιγινώσκω can describe a more complete knowledge than does γινώσκω, or the process of coming to know.

Exercise 12 – Track 2

αὐτός

Parsing

Inflected	Person / Case	Number	Tense / Gender	Voice	Mood	Lexical form	Inflected meaning
1. αὐτό							
2. αὐτοῦ							
3. σοι							
4. αὐτήν							
5. ἐμοῦ							
6. αὐτῷ							
7. ἡμῖν							
8. θανάτου							
9. αὐτῆς							
10. ὑμῶν							

Warm-up

α. αὐτός ἐστιν Ἠλίας.

β. ἐγὼ δὲ οἶδα αὐτήν.

γ. καὶ αὐτὸς ἐπηρώτα αὐτούς.

δ. ἡ αὐτὴ σάρξ

ε. ἐν αὐτῇ τῇ ὥρᾳ

ζ. ὁ διδάσκαλος αὐτῶν ἐστιν μαθητὴς αὐτοῦ.

η. αὐτὸς Δαυὶδ εἶπεν ἐν τῷ πνεύματι τῷ ἁγίῳ.

Translation

1. καὶ εὐθὺς λέγουσιν αὐτῷ περὶ αὐτῆς.

2. καὶ λέγει αὐτοῖς, τίνα ζητεῖτε;

3. καὶ γὰρ ποιεῖτε αὐτὸ εἰς πάντας τοὺς ἀδελφούς.

4. οὐκ ἔστιν μαθητὴς ὑπὲρ τὸν διδάσκαλον οὐδὲ δοῦλος ὑπὲρ τὸν κύριον αὐτοῦ.

5. [1] οὐ πᾶσα σὰρξ ἡ αὐτὴ σάρξ.

6. λέγουσιν οὖν τῷ τυφλῷ πάλιν, τί σὺ λέγεις περὶ αὐτοῦ, ὅτι ἠνέῳξέν (he/she/it opened) σου τοὺς ὀφθαλμούς; ὁ δὲ εἶπεν ὅτι προφήτης ἐστίν.

7. αὐτὸ τὸ πνεῦμα συμμαρτυρεῖ (he/she/it witnesses with) τῷ πνεύματι ἡμῶν ὅτι ἐσμὲν τέκνα θεοῦ.

---

[1] This sentence is a little tricky. You will have to supply a verb. What is the subject?

8.   [2] τὰ αὐτὰ γὰρ ἐποίουν τοῖς προφήταις οἱ πατέρες αὐτῶν.

9. αὐτὸς δὲ Ἰησοῦς οὐκ ἐπίστευεν[3] αὐτὸν αὐτοῖς.

10. καὶ πολλοὶ ἦλθον (they came) πρὸς αὐτὸν καὶ ἔλεγον ὅτι Ἰωάννης μὲν σημεῖον ἐποίησεν (he/she/

    it did) οὐδέν, πάντα δὲ ὅσα εἶπεν Ἰωάννης περὶ τούτου (him) ἀληθῆ (true) ἦν.

Additional

11. καλὸς διδάσκαλος τοῖς αὐτοῖς μαθηταῖς ἀποκρίνεται ὅτι δεῖ αὐτοῖς τὸ ἔργον αὐτῶν ποιεῖν (to do).

12. εἰ οὐ τὰ ἱμάτια[4] ἐπὶ τῷ σώματι τοῦ βασιλέως[5] βλέπω, εἰμὶ πονηρός;

13. ἀνέβη (he/she/it went up) δὲ Ἀβρὰμ ἐξ Αἰγύπτου, αὐτὸς καὶ ἡ γυνὴ[6] αὐτοῦ καὶ πάντα τὰ αὐτοῦ
    καὶ Λώτ μετ᾽ αὐτοῦ εἰς τὴν ἔρημον.[7]

14. διέμειναν (they have continued) πάσας τὰς ἡμέρας τῆς ζωῆς αὐτῶν ἐν τῇ αὐτῇ φρονήσει.[8]

15. οὐκ αὐτός μοι εἶπεν, ἀδελφή μού ἐστιν, καὶ αὐτή μοι εἶπεν, ἀδελφός μού ἐστιν;

---

[2]   Hint: What is the subject? How does the ordering of the words help you understand the point of the passage?

[3]   πιστεύω can also mean "I entrust."

[4]   ἱμάτιον, –ου, τό, "garment."

[5]   βασιλεύς, –έως, ὁ, "king."

[6]   γυνή, γυναικός, ἡ, "woman, wife."

[7]   ἔρημος, –ον, adj: "solitary, deserted"; noun: "desert, wilderness."

[8]   φρόνησις, –εως, ἡ, "way of thinking, (frame of) mind."

16. [9] Ἰησοῦς Χριστὸς ἐχθὲς (yesterday) καὶ σήμερον ὁ αὐτός καὶ εἰς τοὺς αἰῶνας.

17. παρακαλῶ δὲ ὑμᾶς, ἀδελφοί, διὰ τοῦ ὀνόματος τοῦ κυρίου ἡμῶν Ἰησοῦ Χριστοῦ, ἵνα τὸ αὐτὸ λέγητε (you might say) πάντες.

18. Διαιρέσεις[10] δὲ χαρισμάτων εἰσίν, τὸ δὲ αὐτὸ πνεῦμα· καὶ διαιρέσεις διακονιῶν εἰσιν, καὶ ὁ αὐτὸς κύριος· καὶ διαιρέσεις ἐνεργημάτων[11] εἰσίν, ὁ δὲ αὐτὸς θεός ὁ ἐνεργῶν (one who works) τὰ πάντα ἐν πᾶσιν.[12]

19. τὸν νόμον τῶν ἐντολῶν ἐν δόγμασιν[13] καταργήσας,[14] ἵνα τοὺς δύο κτίσῃ (he might create) ἐν αὐτῷ εἰς ἕνα καινὸν ἄνθρωπον ποιῶν (thus making) εἰρήνην.

20. αὐτὸς δὲ ὁ κύριος ἡμῶν Ἰησοῦς Χριστὸς καὶ ὁ θεὸς ὁ πατὴρ ἡμῶν ὁ ἀγαπήσας (one who loved) ἡμᾶς καὶ δοὺς (one who gave) παράκλησιν αἰωνίαν καὶ ἐλπίδα ἀγαθὴν ἐν χάριτι, παρακαλέσαι (may he comfort) ὑμῶν τὰς καρδίας καὶ στηρίξαι (may he strengthen) ἐν παντὶ ἔργῳ καὶ λόγῳ ἀγαθῷ.

English to Greek

Write out the Greek equivalent of these English pronouns.

1. him

2. its

3. to them

4. their

5. hers

6. his

7. to it

8. she

9. they

10. he

References

α. Mt 11:14; β. —; γ. Mk 8:29; δ. 1 Cor 15:39; ε. Lk 12:12; ζ. —; η. Mk 12:36; **1**. Mk 1:30; **2**. Jn 18:4; **3**. 1 Th 4:10; **4**. Mt 10:24; **5**. 1 Cor 15:39; **6**. Jn 9:17; **7**. Rom 8:16; **8**. Lk 6:23; **9**. Jn 2:24; **10**. Jn 10:41; **11**. —; **12**. —; **13**. Gen 13:1; **14**. Shep, Similitudes, 9.29.2; **15**. Gen 20:5; **16**. Heb 13:8; **17**. 1 Cor 1:10; **18**. 1 Cor 12:4–6; **19**. Eph 2:15; **20**. 2 Th 2:16–17.

---

[9] By now you should be accustomed to supplying verbs in sentences. I will not point out the need any longer.

[10] διαίρεσις, –εως, ἡ, "division, variety."

[11] ἐνέργημα, –ματος, τό, "activity, working, experience."

[12] Is πᾶσιν masculine or neuter?

[13] δόγμα, –ματος, τό, "ordinance, decision, command."

[14] καταργήσας is actually a participle, but you can translate it here as "he has abolished."

Exercise 13 – Track 2

Demonstrative Pronouns and Adjectives

Parsing

	Inflected	Person / Case	Number	Tense / Gender	Voice	Mood	Lexical form	Inflected meaning
1.	τούτων							
2.	αὐτή							
3.	με							
4.	ἐκείνας							
5.	ἑνί							
6.	ταῦτα							
7.	ἐκεῖνο							
8.	αὕτη							
9.	τούτου							
10.	ἡμᾶς							

Warm-up

α. οὐκ οἶδα τὸν ἄνθρωπον τοῦτον.

β. οὐκ οἴδατε τὴν παραβολὴν ταύτην;

γ. τὸ φῶς τοῦ κόσμου τούτου βλέπει.

δ. αὕτη ἐστὶν ἡ ἐντολὴ ἡ ἐμή.

ε. οὐκ ἦν ἐκεῖνος τὸ φῶς.

ζ. ἄνδρες, τί ταῦτα ποιεῖτε;

η. ἐν δὲ ταῖς ἡμέραις ἐκείναις

Translation

1. οὗτος ὁ ἄνθρωπος υἱὸς θεοῦ ἦν.

2. αὕτη ἐστὶν ἡ μεγάλη[1] καὶ πρώτη ἐντολή.

3. εἰ ταῦτα οἴδατε, μακάριοί ἐστε ἐὰν ποιῆτε (you do) αὐτά.

4. τῶν δὲ δώδεκα ἀποστόλων τὰ ὀνόματά ἐστιν ταῦτα.

5. ὑμεῖς[2] ἐκ τούτου τοῦ κόσμου ἐστέ, ἐγὼ οὐκ εἰμὶ ἐκ τοῦ κόσμου τούτου.

6. διὰ τοῦτο[3] ὑμεῖς οὐκ ἀκούετε, ὅτι ἐκ τοῦ θεοῦ οὐκ ἐστέ.

---

[1] Did you notice that the positive degree of the adjective is used as a superlative?

[2] Notice the emphatic position of the two personal pronouns. What does that tell you about what Jesus is saying?

[3] διὰ τοῦτο means "for this reason." It is a common idiom, much like ἐν τούτῳ.

7. εἶπεν δὲ ὁ Πέτρος, κύριε, πρὸς ἡμᾶς τὴν παραβολὴν ταύτην λέγεις ἢ καὶ πρὸς πάντας;

8. εἶπον (they said), σὺ μαθητὴς εἶ ἐκείνου, ἡμεῖς δὲ τοῦ Μωϋσέως ἐσμὲν μαθηταί.

9. οὐκ ἔστιν οὗτος[4] παρὰ θεοῦ ὁ ἄνθρωπος, ὅτι τὸ σάββατον οὐ τηρεῖ.

10. περὶ δὲ τῆς ἡμέρας ἐκείνης ἢ τῆς ὥρας οὐδεὶς οἶδεν, οὐδὲ[5] οἱ ἄγγελοι ἐν οὐρανῷ οὐδὲ ὁ υἱός, εἰ μὴ[6] ὁ πατήρ.

Additional

11. ἐὰν ἀγαπῶμεν τὸν κύριον, τηροῦμεν τὰς ἐντολὰς ταύτας οὐ μόνον ἐν τοῖς σαββάτοις ἀλλὰ καὶ ἐν πᾶσιν ταῖς ἡμέραις.

12. ἐκεῖνοι οἱ ἄνδρες ζητοῦσιν τὰς γυναῖκας αὐτῶν ἐν τῇ ἀγορᾷ[7] τῆς μεγάλης πόλεως.

---

[4] Hint: What word does οὗτος modify?

[5] The two occurrences of οὐδέ act as "correlative conjunctions," meaning "neither . . . nor."

[6] In this context, εἰ μή means "only."

[7] ἀγορά, –ᾶς, ἡ, "marketplace."

13. καὶ εἶπεν Ἀδάμ, τοῦτο νῦν ὀστοῦν[8] ἐκ τῶν ὀστέων μου καὶ σὰρξ ἐκ τῆς σαρκός μοῦ· αὕτη κληθήσεται (he/she/it will be called) γυνή ὅτι ἐκ τοῦ ἀνδρὸς αὐτῆς ἐλήμφθη (he/she/it was taken) αὕτη.

14. καὶ ἐκάλεσεν (he/she/it called) Ἀδὰμ τὸ ὄνομα τῆς γυναικὸς αὐτοῦ Ζωὴ ὅτι αὕτη μήτηρ πάντων τῶν ζώντων.[9]

15. πολλαὶ γυναῖκες ἐκοπίησαν (they labored) διὰ τῆς χάριτος τοῦ θεοῦ αὐτῶν.

16. ἡ βασιλεία ἡ ἐμὴ οὐκ ἔστιν ἐκ τοῦ κόσμου τούτου.

17. τί ποιοῦμεν ὅτι οὗτος ὁ ἄνθρωπος πολλὰ ποιεῖ σημεῖα;

18. νῦν δὲ πρὸς σὲ ἔρχομαι καὶ ταῦτα λαλῶ ἐν τῷ κόσμῳ.

19. λέγει πρὸς αὐτὸν ἡ γυνή, κύριε, δός (give!) μοι τοῦτο τὸ ὕδωρ.

20. [10]πάτερ, σῶσόν (save!) με ἐκ τῆς ὥρας ταύτης; ἀλλὰ διὰ τοῦτο ἦλθον (I came) εἰς τὴν ὥραν ταύτην. πάτερ, δόξασόν (glorify!) σου τὸ ὄνομα.... ἀπεκρίθη Ἰησοῦς καὶ εἶπεν, οὐ δι᾽ ἐμὲ ἡ φωνὴ αὕτη γέγονεν (he/she/it came) ἀλλὰ δι᾽ ὑμᾶς.

Summary

1. διὰ τοῦτο means "for this reason."
2. Two occurrences of οὐδέ can act as "correlative conjunctions," meaning "neither ... nor."

References

α. Mk 14:71; **β**. Mk 4:13; **γ**. Jn 11:9; **δ**. Jn 15:12; **ε**. Jn 1:8; **ζ**. Ac 14:15; **η**. Mt 3:1; **1**. Mk 15:39; **2**. Mt 22:38; **3**. Jn 13:17; **4**. Mt 10:2; **5**. Jn 8:23; **6**. Jn 8:47; **7**. Lk 12:41; **8**. Jn 9:28; **9**. Jn 9:16; **10**. Mk 13:32; **11**. —; **12**. —; **13**. Gen 2:23; **14**. Gen 3:20; **15**. (1 Clem 55:3); **16**. Jn 18:36; **17**. Jn 11:47; **18**. Jn 17:13; **19**. Jn 4:15; **20**. Jn 12:27–28, 30.

---

[8]   ὀστέον, –ου, τό, with the genitive plural ὀστέων, "bone." Also occurs in its contracted form, ὀστοῦν, –οῦ, τό (i.e., the εο has contracted to ου).

[9]   τῶν ζώντων means "those who are living."

[10] The Greek before this sentence says, "And what am I to say?"

Relative Pronoun

Parsing

Inflected	Person / Case	Number	Tense / Gender	Voice	Mood	Lexical form	Inflected meaning
1. ἅ							
2. ᾧ							
3. οὗ							
4. ὅ							
5. ἅς							
6. ἥ							
7. ἧς							
8. ὧν							
9. ἐκείνους							
10. ἥν							

Warm-up

α. τὰ ῥήματα ἃ ἐγὼ λαλῶ

β. πιστεύουσιν … τῷ λόγῳ ὃν εἶπεν ὁ Ἰησοῦς.

γ. ἓν τῶν πλοίων, ὃ ἦν Σίμωνος

δ. ἐν τῇ ὁδῷ ταύτῃ ᾗ ἐγὼ πορεύομαι

ε. τὸ πνεῦμα τῆς ἀληθείας, ὃ ὁ κόσμος οὐ δύναται λαβεῖν (to receive)

ζ. καὶ πᾶς ὃς πορεύεται ἐπὶ χειρῶν

η. ὁ θεὸς τῆς εἰρήνης ὅς ἐστιν μεθ᾽ ὑμῶν

Translation

Be able to identify every relative pronoun, explain its case, number, and gender, and explain what word the relative clause modifies and what function it performs in the sentence.

1. τί δέ με καλεῖτε, κύριε κύριε, καὶ οὐ ποιεῖτε ἃ λέγω;

2. τί ποιοῦσιν τοῖς σάββασιν ὃ οὐκ ἔξεστιν (it is lawful);

3. καὶ ἔλεγον, οὐχ οὗτός ἐστιν Ἰησοῦς ὁ υἱὸς Ἰωσήφ, οὗ ἡμεῖς οἴδαμεν τὸν πατέρα καὶ τὴν μητέρα;
   πῶς νῦν λέγει ὅτι ἐκ τοῦ οὐρανοῦ καταβέβηκα (I have come down);

4. ἀλλ᾽ εἰσὶν ἐξ ὑμῶν τινες οἳ οὐ πιστεύουσιν.

5. ὃς γὰρ οὐκ ἔστιν καθ᾽ ἡμῶν, ὑπὲρ ἡμῶν ἐστιν.

6. χάριτι δὲ θεοῦ εἰμι ὅ εἰμι.

7. εἶπεν δὲ Ἡρῴδης, … τίς δέ ἐστιν οὗτος περὶ οὗ ἀκούω;

8. καὶ ἰδοὺ ἄνθρωπος ἦν ἐν Ἰερουσαλὴμ ᾧ ὄνομα Συμεὼν καὶ ὁ ἄνθρωπος οὗτος δίκαιος (just) …
    καὶ πνεῦμα ἦν ἅγιον ἐπ᾽ αὐτόν.

9. Ἰωάννης ταῖς ἑπτὰ ἐκκλησίαις ταῖς ἐν τῇ Ἀσίᾳ, χάρις ὑμῖν καὶ εἰρήνη … ἀπὸ τῶν ἑπτὰ
    πνευμάτων ἃ ἐνώπιον τοῦ θρόνου αὐτοῦ.

10. οὐ πιστεύεις ὅτι ἐγὼ ἐν τῷ πατρὶ καὶ ὁ πατὴρ ἐν ἐμοί ἐστιν; τὰ ῥήματα ἃ ἐγὼ λέγω ὑμῖν ἀπ᾽
    ἐμαυτοῦ (of myself) οὐ λαλῶ, ὁ δὲ πατὴρ ἐν ἐμοὶ μένων (who abides) ποιεῖ τὰ ἔργα αὐτοῦ.

Additional

11. οἱ μαθηταὶ πάντας τοὺς ἐν τῇ συναγώγῃ ἐδίδασκον ὅτι ὅστις ἂν τὸν κύριον ἀγαπᾷ ζωὴν αἰώνιον
    ἔχει.

12. ἐπαγγελίαν γὰρ ἔχομεν τῆς εἰρήνης καὶ τῆς δικαιοσύνης ἣν ὁ θεὸς πληροῖ ἐκείνοις οἳ εἰς αὐτὸν
    πιστεύουσιν.

13. σῴζεσθε,¹ ἀγάπης τέκνα καὶ εἰρήνης. ὁ κύριος τῆς δόξης καὶ πάσης χάριτος μετὰ τοῦ πνεύματος ὑμῶν.

14. ἐγὼ δὲ ἀπεκρίθην (I answered), τίς εἶ, κύριε; εἶπέν τε πρός με, ἐγώ εἰμι Ἰησοῦς ὁ Ναζωραῖος,² ὃν σὺ διώκεις.³

15. οὐχ οὗτός ἐστιν ὃν ζητοῦσιν ἀποκτεῖναι (to kill);

16. καὶ αὐτός ἐστιν ἡ κεφαλὴ τοῦ σώματος τῆς ἐκκλησίας· ὅς ἐστιν ἀρχή, πρωτότοκος⁴ ἐκ τῶν νεκρῶν.

17. καὶ αὕτη ἐστὶν ἡ ἐπαγγελία ἣν αὐτὸς ἐπηγγείλατο (he/she/it promised) ἡμῖν, τὴν ζωὴν τὴν αἰώνιον.

18. νῦν δὲ ζητεῖτέ με ἀποκτεῖναι (to kill) ἄνθρωπον ὃς τὴν ἀλήθειαν ὑμῖν λελάληκα (I have spoken) ἣν ἤκουσα (I heard) παρὰ τοῦ θεοῦ.

19. καταβὰς (after coming down) δὲ Πέτρος πρὸς τοὺς ἄνδρας εἶπεν, ἰδοὺ ἐγώ εἰμι ὃν ζητεῖτε.

20. ὥσπερ γὰρ ὁ πατὴρ ἐγείρει⁵ τοὺς νεκροὺς καὶ ζῳοποιεῖ,⁶ οὕτως καὶ ὁ υἱὸς οὓς θέλει ζῳοποιεῖ.

References

α. (Jn 6:63); β. (Jn 2:22); γ. Lk 5:3; δ. Gen 28:20; ε. Jn 14:17; ζ. Lev 11:27; η. (Phil 4:9); **1**. Lk 6:46; **2**. Mk 2:24; **3**. Jn 6:42; **4**. Jn 6:64; **5**. Mk 9:40; **6**. 1 Cor 15:10; **7**. Lk 9:9; **8**. Lk 2:25; **9**. Rev 1:4; **10**. Jn 14:10; **11**. —; **12**. —; **13**. Barn 21:9; **14**. Ac 22:8; **15**. Jn 7:25; **16**. Col 1:18; **17**. 1 Jn 2:25; **18**. Jn 8:40; **19**. Ac 10:21; **20**. Jn 5:21.

---

1 While this sentence does not have a relative pronoun, it is just too cool a verse not to include, and it does use a vocabulary word for this chapter. σῴζεσθε is a plural imperative, meaning "Be saved!" It is a way of saying "Farewell." Be sure to use it when saying goodbye to your teacher and fellow students after class. There are other ways to say goodbye as well.

2 Ναζωραῖος, –ου, ὁ, an inhabitant of Nazareth.

3 διώκω, "I pursue, persecute."

4 πρωτότοκος, –ον, "firstborn."

5 ἐγείρω, "I raise."

6 ζῳοποιέω, "I make alive."

Future Active and Middle Indicative

Parsing

	Inflected	Person / Case	Number	Tense / Gender	Voice	Mood	Lexical form	Inflected meaning
1.	λύσει							
2.	ἀκούσεις							
3.	γεννήσομεν							
4.	ζήσουσι							
5.	πορεύσεται							
6.	βλέψεις							
7.	ἕξετε							
8.	καλέσομεν							
9.	ὅλους							
10.	συνάξουσιν							

Warm-up

α. πάντες πιστεύσουσιν εἰς αὐτόν.

β. αὐτὸς περὶ ἑαυτοῦ λαλήσει.

γ. συνάξω τοὺς καρπούς μου.

δ. ἕξει τὸ φῶς τῆς ζωῆς.

ε. σὺν ἐμοὶ πορεύσονται.

ζ. βλέψετε καὶ οὐ λαλήσει.

η. ἐπὶ Καίσαρα πορεύσῃ.

Translation

1. κύριον τὸν θεόν σου προσκυνήσεις.[1]

2. [2] βασιλεὺς Ἰσραήλ ἐστιν, καταβάτω (let him come down!) νῦν ἀπὸ τοῦ σταυροῦ (cross) καὶ πιστεύσομεν ἐπ᾽ αὐτόν.

3. ἡ γυνή σου Ἐλισάβετ γεννήσει υἱόν σοι καὶ καλέσεις τὸ ὄνομα αὐτοῦ Ἰωάννην.

4. ὁ δὲ θεός μου πληρώσει πᾶσαν χρείαν (need) ὑμῶν κατὰ τὸ πλοῦτος (riches) αὐτοῦ ἐν δόξῃ ἐν Χριστῷ Ἰησοῦ.

5. ἀμὴν ἀμὴν λέγω ὑμῖν ὅτι ἔρχεται ὥρα καὶ νῦν ἐστιν ὅτε οἱ νεκροὶ ἀκούσουσιν τῆς φωνῆς τοῦ υἱοῦ τοῦ θεοῦ καὶ οἱ ἀκούσαντες (ones who hear it) ζήσουσιν.

6. καὶ ἔσεσθε μισούμενοι (hated) ὑπὸ πάντων διὰ τὸ ὄνομά μου.

---

[1] Notice that although this is a future verb, it is being used as an imperative to state a command. This is a common use of the future in both Greek and English. See the "Exegetical Insight" to this chapter.

[2] Hint: The people are probably taunting Jesus and being sarcastic. Interestingly, some manuscripts (A, 𝔐, Latin, Syriac, et al.) insert εἰ before βασιλεύς.

7. ³ ἀμὴν ἀμὴν λέγω ὑμῖν, ὁ πιστεύων (one who believes) εἰς ἐμὲ τὰ ἔργα ἃ ἐγὼ ποιῶ κἀκεῖνος (that one) ποιήσει καὶ μείζονα τούτων⁴ ποιήσει, ὅτι ἐγὼ πρὸς τὸν πατέρα πορεύομαι.

8. ὑμεῖς προσκυνεῖτε ὃ οὐκ οἴδατε· ἡμεῖς προσκυνοῦμεν ὃ οἴδαμεν, ὅτι ἡ σωτηρία (salvation) ἐκ τῶν Ἰουδαίων ἐστίν. ἀλλὰ ἔρχεται ὥρα καὶ νῦν ἐστιν, ὅτε οἱ ἀληθινοὶ (true) προσκυνηταὶ (worshipers) προσκυνήσουσιν τῷ πατρὶ ἐν πνεύματι καὶ ἀληθείᾳ.

9. ζητήσετέ με, καὶ καθὼς εἶπον (I said) τοῖς Ἰουδαίοις ὅτι ὅπου ἐγὼ ὑπάγω (I go) ὑμεῖς οὐ δύνασθε ἐλθεῖν (to go), καὶ ὑμῖν λέγω.

10. ἄκουε (Listen!), Ἰσραήλ, κύριος ὁ θεὸς ἡμῶν κύριος εἷς ἐστιν, καὶ ἀγαπήσεις κύριον τὸν θεόν σου ἐξ ὅλης τῆς καρδίας σου καὶ ἐξ ὅλης τῆς ψυχῆς σου καὶ ἐξ ὅλης τῆς διανοίας (mind) σου καὶ ἐξ ὅλης τῆς ἰσχύος (strength) σου.

Additional

11. οἱ Ἰουδαῖοι συνάξουσιν ἐπὶ τῇ θαλάσσῃ τῆς Γαλιλαίας ὅτι ὁ Ἰησοῦς παραβολὰς λαλήσει.

---

3   This verse is a good example of John's repetitive style. He often describes the subject of the sentence with a clause, and then repeats the subject with a pronoun or some other word.

4   τούτων is an example of the "genitive of comparison." A comparative adjective such as μείζων is almost always followed by a word in the genitive to indicate comparison, and you can use the key word "than."

12. πορευσόμεθα πρὸς τὴν βασιλείαν τοῦ Ἰσραήλ, ἀλλὰ ἀκούσομεν τοῦ εὐαγγελίου τῆς ἀγάπης τοῦ θεοῦ;

13. υἱοὺς καὶ θυγατέρας[5] γεννήσεις καὶ οὐκ ἔσονταί σοι.

14. οὐ προσκυνήσεις τοῖς θεοῖς αὐτῶν οὐδὲ ποιήσεις κατὰ τὰ ἔργα αὐτῶν.

15. καὶ εἶπεν κύριος τῷ Ἀβράμ, ἔξελθε (go out!) ἐκ τῆς γῆς[6] σου … καὶ ἐκ τοῦ οἴκου τοῦ πατρός σου εἰς τὴν γῆν ἣν ἄν σοι δείξω (I will show) καὶ ποιήσω σε εἰς ἔθνος[7] μέγα καὶ εὐλογήσω[8] σε … καὶ ἔσῃ εὐλογητός.[9]

16. ἔσεσθε οὖν ὑμεῖς τέλειοι ὡς ὁ πατὴρ ὑμῶν ὁ οὐράνιος[10] τέλειός ἐστιν.

17. δικαιοσύνη γὰρ θεοῦ ἐν αὐτῷ ἀποκαλύπτεται ἐκ πίστεως εἰς πίστιν, καθὼς γέγραπται (it is written), ὁ δὲ δίκαιος ἐκ πίστεως ζήσεται.

18. ἐὰν ἀγαπᾶτέ με, τὰς ἐντολὰς τὰς ἐμὰς τηρήσετε.

19. εἴ τις θέλει πρῶτος εἶναι,[11] ἔσται πάντων ἔσχατος.

20. εὗρον (I have found) Δαυὶδ τὸν[12] τοῦ Ἰεσσαί, ἄνδρα κατὰ τὴν καρδίαν μου, ὃς ποιήσει πάντα τὰ θελήματά μου.

Summary

1. The future tense can be used to make a command.

2. A comparative adjective such as μείζων is almost always followed by a word in the genitive to indicate comparison. You can use the key word "than" in your translation.

References

α. Jn 11:48; β. Jn 9:21; γ. Lk 12:17; δ. Jn 8:12; ε. 1 Cor 16:4; ζ. —; η. Ac 25:12; **1**. Mt 4:10; **2**. Mt 27:42; **3**. Lk 1:13; **4**. Phil 4:19; **5**. Jn 5:25; **6**. Mk 13:13; **7**. Jn 14:12; **8**. Jn 4:22–23; **9**. Jn 13:33; **10**. Mk 12:29–31; **11**. —; **12**. —; **13**. Deut 28:41; **14**. (Ex 23:24); **15**. Gen 12:1–2; **16**. Mt 5:48; **17**. Rom 1:17; **18**. Jn 14:15; **19**. Mk 9:35; **20**. Ac 13:22.

---

[5] θυγάτηρ, –τρός, ἡ, "daughter."

[6] γῆ, γῆς, ἡ, "earth, land, region."

[7] ἔθνος, –ους, τό, "nation."

[8] εὐλογέω, "I bless."

[9] εὐλογητός, –ή, –όν, "blessed, praised."

[10] οὐράνιος, –ον, "heavenly."

[11] "To be." Takes a predicate nominative.

[12] The word τόν is modifying is often dropped out of this type of construction. What is the word?

Verbal Roots (Patterns 2–4)

If the verb is future, try to see what it would be in the present, and vice versa.

Parsing

	Inflected	Person / Case	Number	Tense / Gender	Voice	Mood	Lexical form	Inflected meaning
1.	ἀρεῖς							
2.	ὄψεται							
3.	ἐκβαλοῦμεν							
4.	ἐγειροῦσιν							
5.	ἀποκτενεῖτε							
6.	σώσει							
7.	ἀποστελεῖ							
8.	βαπτίσεις							
9.	ποιοῦσι							
10.	κρινεῖτε							

Warm-up

α. ἐκεῖνος κρινεῖ αὐτὸν ἐν τῇ ἐσχάτῃ ἡμέρᾳ.

β. πολλοὶ γὰρ ἐλεύσονται ἐπὶ τῷ ὀνόματί μου.

γ. ἐν τῷ ὀνόματί μου δαιμόνια ἐκβαλοῦσιν.

δ. γνώσεσθε τὴν ἀλήθειαν.

ε. ἐρῶ τῇ ψυχῇ μου.

ζ. αὐτὸς μένει ἐπὶ τὸν κόσμον ἀλλὰ συ μενεῖς εἰς τοὺς αἰῶνας.

η. πῶς πάσας τὰς παραβολὰς γνώσεσθε;

Translation

1. ἐγὼ ἐβάπτισα (I baptized) ὑμᾶς ὕδατι, αὐτὸς δὲ βαπτίσει ὑμᾶς ἐν πνεύματι ἁγίῳ.

2. ἀποστελεῖ ὁ υἱὸς τοῦ ἀνθρώπου τοὺς ἀγγέλους αὐτοῦ.

3. ἐκεῖ αὐτὸν ὄψεσθε, καθὼς εἶπεν ὑμῖν.

4. ἀπεκρίθη Ἰησοῦς καὶ εἶπεν αὐτῷ, ἐάν τις ἀγαπᾷ[1] με τὸν λόγον μου τηρήσει καὶ ὁ πατήρ μου ἀγαπήσει αὐτὸν καὶ πρὸς αὐτὸν ἐλευσόμεθα.

5. τέξεται (he/she/it will bear) δὲ υἱόν, καὶ καλέσεις τὸ ὄνομα αὐτοῦ Ἰησοῦν. αὐτὸς γὰρ σώσει τὸν λαὸν αὐτοῦ ἀπὸ τῶν ἁμαρτιῶν αὐτῶν.

6. ἢ οὐκ οἴδατε ὅτι οἱ ἅγιοι τὸν κόσμον κρινοῦσιν; … οὐκ οἴδατε ὅτι ἀγγέλους κρινοῦμεν;

7. πάντες πιστεύσουσιν εἰς αὐτόν, καὶ ἐλεύσονται οἱ Ῥωμαῖοι καὶ ἀροῦσιν τὸν τόπον ἡμῶν.

---

[1] This form is actually in the subjunctive mood (chapter 31), but in this case it is identical in form to the indicative and is translated the same way.

8. ἀλλὰ ἐρεῖ τις, πῶς ἐγείρονται οἱ νεκροί; ποίῳ (in what sort of) δὲ σώματι ἔρχονται;

9. λέγει αὐτῷ, ἐκ τοῦ στόματός σου κρινῶ σε, πονηρὲ δοῦλε.

10. διὰ τοῦτο καὶ ἡ σοφία τοῦ θεοῦ εἶπεν, ἀποστελῶ εἰς αὐτοὺς προφήτας καὶ ἀποστόλους, καὶ ἐξ αὐτῶν[2] ἀποκτενοῦσιν.

Additional

11. τί οἱ κακοὶ ἀποκτείνουσιν τοὺς ἀγαθούς, οἳ τηροῦσιν τὸν νόμον τοῦ θεοῦ καὶ ἀγαπῶσι πάντας;

12. ἐν τῷ στόματί μου μεγαλὴν σοφίαν λαλήσω καὶ κατὰ τὴν ὅλην ζωὴν ἐρῶ περὶ τῆς δικαιοσύνης τε καὶ τῆς ὁδοῦ τῆς ἀληθείας.

13. καὶ καλέσεις τὰ σάββατα ἅγια τῷ θεῷ σου καὶ οὐκ ἀρεῖς τὸν πόδα σου ἐπ᾽ ἔργῳ οὐδὲ λαλήσεις λόγον ἐν ὀργῇ[3] ἐκ τοῦ στόματός σου.

---

[2] αὐτῶν is called the "partitive genitive," where the word in the genitive indicates a larger group (αὐτῶν) and the word it is modifying represents the smaller group. The problem here is that the noun it is modifying is unexpressed. Supply "some" in your translation for the smaller group.

[3] ὀργή, –ῆς, ἡ, "wrath, anger."

14. ὁ θεός ἐστιν κύριος, καὶ αὐτὸς οἶδεν, καὶ Ἰσραὴλ αὐτὸς γνώσεται.

15. τὸ ὕδωρ αὐτοῦ πιστόν· βασιλέα μετὰ δόξης ὄψεσθε, καὶ ἡ ψυχὴ ὑμῶν μελετήσει[4] φόβον[5] κυρίου.

16. καὶ τὰ τέκνα αὐτῆς ἀποκτενῶ ἐν θανάτῳ. καὶ γνώσονται πᾶσαι αἱ ἐκκλησίαι ὅτι ἐγώ εἰμι ὁ ἐραυνῶν (one who searches) νεφροὺς[6] καὶ καρδίας, καὶ δώσω (I will give) ὑμῖν ἑκάστῳ κατὰ τὰ ἔργα ὑμῶν.

17. μὴ μόνον οὖν αὐτὸν καλῶμεν (let us call) κύριον, οὐ γὰρ τοῦτο σώσει ἡμᾶς.

18. μακάριοι οἱ καθαροὶ τῇ καρδίᾳ, ὅτι αὐτοὶ τὸν θεὸν ὄψονται.

19. ἀλλ᾽ ἐρεῖ τις, σὺ πίστιν ἔχεις, κἀγὼ ἔργα ἔχω. δεῖξόν (show!) μοι τὴν πίστιν σου χωρὶς τῶν ἔργων, κἀγώ σοι δείξω (I will show) ἐκ τῶν ἔργων μου τὴν πίστιν. σὺ πιστεύεις ὅτι εἷς ἐστιν ὁ θεός, καλῶς ποιεῖς. καὶ τὰ δαιμόνια πιστεύουσιν καὶ φρίσσουσιν.[7]

20. ἐὰν τὰς ἐντολάς μου τηρήσητε (you keep), μενεῖτε ἐν τῇ ἀγάπῃ μου, καθὼς ἐγὼ τὰς ἐντολὰς τοῦ πατρός μου τετήρηκα (I have kept) καὶ μένω αὐτοῦ[8] ἐν τῇ ἀγάπῃ.

Summary

1. The partitive genitive indicates the larger group, and the word it modifies indicates the smaller group.

References

α. Jn 12:48; β. Mt 24:5; γ. Mk 16:17; δ. Jn 8:32; ε. Lk 12:19; ζ. —; η. Mk 4:13; **1.** Mk 1:8; **2.** Mt 13:41; **3.** Mk 16:7; **4.** Jn 14:23; **5.** Mt 1:21; **6.** 1 Cor 6:2–3; **7.** (Jn 11:48); **8.** 1 Cor 15:35; **9.** Lk 19:22; **10.** Lk 11:49; **11.** —; **12.** —; **13.** (Is 58:13); **14.** (Josh 22:22); **15.** Barn 11:5; **16.** Rev 2:23; **17.** 2 Clem 4:1; **18.** Mt 5:8; **19.** Jas 2:18–19; **20.** Jn 15:10.

---

[4]   μελετάω, "I practice, cultivate."

[5]   φόβος, –ου, ὁ, "fear, reverence."

[6]   νεφρός, –οῦ, ὁ, "mind."

[7]   φρίσσω, "I tremble."

[8]   Normally αὐτοῦ follows the word it modifies, but not always. How do you know what word it modifies?

Review #4 − Track 2

Grammar

1. Explain how the stem was modified in the following inflected forms. Start by writing out the word's stem, add the case ending, show the final form, and explain the changes.

   a. σάρξ

   b. ὄνομα

   c. χάρισιν

   d. πίστεως

   e. πᾶς

2. Write out the seventh and eighth noun rules.

   #7.

   #8.

3. List the case endings

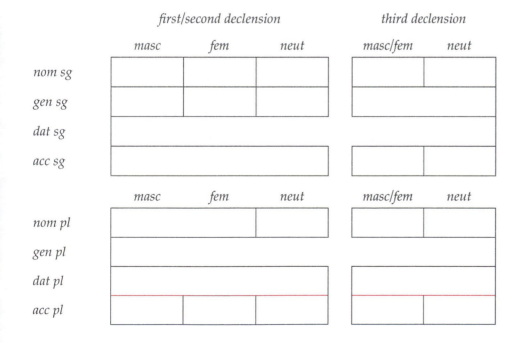

	first/second declension			third declension	
	masc	*fem*	*neut*	*masc/fem*	*neut*
nom sg					
gen sg					
dat sg					
acc sg					

	masc	*fem*	*neut*	*masc/fem*	*neut*
nom pl					
gen pl					
dat pl					
acc pl					

4. What determines the case, number, and gender of a personal pronoun?

    a. Case

    b. Number/gender

5. Write out the paradigm of the English personal pronouns.

	first person	*second person*		*first person*	*second person*
subjective sg			*subjective pl*		
possessive sg			*possessive pl*		
objective sg			*objective pl*		

6. What are the three uses of αὐτός?

    a.

    b.

    c.

7. How do you distinguish the form of the feminine personal pronoun from the feminine demonstrative?

8. In what adjectival position will you find the demonstratives when they are modifying nouns?

9. What are the four basic rules of the vocative?

    a.

    b.

    c.

    d.

10. What determines the case, number, and gender of a relative pronoun?

    a. Case

    b. Number/gender

11. How do you distinguish the form of the relative pronoun from the article?

12. Write out the "Square of Stops" and what happens to each class of stop when followed by a sigma.

   a. Labials

   b. Velars

   c. Dentals

13. What is the difference between a verbal "root" and tense "stem"?

   a. Root

   b. Stem

14. What are the three basic ways in which the verbal root is used to form the present tense stem?

   a.

   b.

   c.

15. Write out the Master Indicative Verb Chart.

Tense	Aug/Redup	Tense stem	Tense formative	Conn. vowel	Personal endings	1st sing paradigm
Pres act						
Imperf mid/pas						
Fut act						
Liquid fut act						
Fut mid						

Parsing

	Inflected	Person / Case	Number	Tense / Gender	Voice	Mood	Lexical form	Inflected meaning
1.	πόλεσιν							
2.	ὀνόματι							
3.	ἀροῦσιν							
4.	αὕτη							
5.	ζήσῃ							
6.	ἀκούσεις							
7.	οἷς							
8.	σώσω							
9.	γνώσεται							
10.	πολλοῖς							
11.	βλέψεται							
12.	ὄψονται							
13.	ποδί							
14.	γνώσονται							
15.	ὄψῃ							

Translation: John 12:27–36

12:27 νῦν ἡ ψυχή μου τετάρακται (he/she/it has been troubled), καὶ τί εἴπω (I can say);

Πάτερ, σῶσόν (save!) με ἐκ τῆς ὥρας ταύτης; ἀλλὰ διὰ τοῦτο ἦλθον (I came) εἰς τὴν ὥραν ταύτην.

12:28 πάτερ, δόξασόν (glorify!) σου τὸ ὄνομα. ἦλθεν (he/she/it came) οὖν φωνὴ ἐκ τοῦ οὐρανοῦ, καὶ

ἐδόξασα (I glorified) καὶ πάλιν δοξάσω. 12:29 ὁ οὖν ὄχλος ὁ ἑστὼς (one that was standing) καὶ ἀκούσας

(hearing) ἔλεγεν βροντὴν γεγονέναι,[1] ἄλλοι ἔλεγον, ἄγγελος αὐτῷ λελάληκεν (he/she/it has spoken).

12:30 ἀπεκρίθη Ἰησοῦς καὶ εἶπεν, οὐ δι᾽ ἐμὲ ἡ φωνὴ αὕτη γέγονεν (he/she/it came) ἀλλὰ δι᾽ ὑμᾶς.

12:31 νῦν κρίσις ἐστὶν τοῦ κόσμου τούτου, νῦν ὁ ἄρχων τοῦ κόσμου τούτου ἐκβληθήσεται (he/she/

it will be cast) ἔξω· 12:32 κἀγὼ ἐὰν ὑψωθῶ (I am lifted up) ἐκ τῆς γῆς, πάντας ἑλκύσω (I will draw)

πρὸς ἐμαυτόν. 12:33 τοῦτο δὲ ἔλεγεν σημαίνων (signifying) ποίῳ θανάτῳ ἤμελλεν ἀποθνήσκειν (to

die). 12:34 ἀπεκρίθη οὖν αὐτῷ ὁ ὄχλος, ἡμεῖς ἠκούσαμεν (we heard) ἐκ τοῦ νόμου ὅτι ὁ Χριστὸς

μένει εἰς τὸν αἰῶνα, καὶ πῶς λέγεις σὺ ὅτι δεῖ ὑψωθῆναι (to be lifted up) τὸν υἱὸν τοῦ ἀνθρώπου;[2]

τίς ἐστιν οὗτος ὁ υἱὸς τοῦ ἀνθρώπου; 12:35 εἶπεν οὖν αὐτοῖς ὁ Ἰησοῦς, ἔτι μικρὸν χρόνον τὸ φῶς

ἐν ὑμῖν ἐστιν. περιπατεῖτε (walk!) ὡς τὸ φῶς ἔχετε, ἵνα μὴ σκοτία ὑμᾶς καταλάβῃ (he/she/it might

overtake)· καὶ ὁ περιπατῶν (one walking) ἐν τῇ σκοτίᾳ οὐκ οἶδεν ποῦ ὑπάγει. 12:36 ὡς τὸ φῶς ἔχετε,

πιστεύετε (believe!) εἰς τὸ φῶς, ἵνα υἱοὶ φωτὸς γένησθε (you might be).

---

[1] βροντὴν γεγονέναι means "that it was thunder."

[2] τὸν υἱὸν τοῦ ἀνθρώπου is acting as the subject of ὑψωθῆναι.

A sad boy who has lost his father or mother to an excessive study of Greek. When will the semester be done?

Exercise 22

Whether you chose Track #1 or Track #2, you are altogether now from chapter 22 through the end of the grammar.

Parsing

	Inflected	Person / Case	Number	Tense / Gender	Voice	Mood	Lexical form	Inflected meaning
1.	ἔλαβεν							
2.	ἤλθομεν							
3.	ἔβαλον							
4.	ἐγένετο							
5.	ἔγνων							
6.	ἀπεθάνετε							
7.	εὗρεν							
8.	εἰσῆλθες							
9.	ἐγινόμην							
10.	γενήσεται							

Warm-up

α. ἦλθεν πρὸς τὸν Ἰησοῦν.

β. προσῆλθον αὐτῷ οἱ μαθηταί.

γ. ἔβαλεν αὐτοὺς εἰς τὴν γῆν.

δ. πνεῦμα ἅγιον ἐλάβετε;

ε. οἱ προφῆται ἀπέθανον.

ζ. εἰσῆλθεν εἰς γῆν Ἰσραήλ.[1]

---

[1] Remember, foreign words are often indeclinable, and so context will be your guide as to the word's case.

η. εὗρες γὰρ χάριν παρὰ τῷ θεῷ.

Translation

1. Χριστὸς ἀπέθανεν ὑπὲρ τῶν ἁμαρτιῶν ἡμῶν κατὰ τὰς γραφάς.

2. καὶ ἐξῆλθον οἱ μαθηταὶ καὶ ἦλθον εἰς τὴν πόλιν καὶ εὗρον[2] καθὼς εἶπεν αὐτοῖς.

3. καὶ φωνὴ ἐγένετο ἐκ τῶν οὐρανῶν, σὺ εἶ ὁ υἱός μου ὁ ἀγαπητός.

4. διδάσκαλε, εἴδομέν τινα ἐν τῷ ὀνόματί σου ἐκβάλλοντα (who was casting out) δαιμόνια.

5. ὁ δὲ Ἰησοῦς εἶπεν αὐτῷ, τί με λέγεις ἀγαθόν; οὐδεὶς ἀγαθὸς εἰ μὴ εἷς ὁ θεός.[3]

6. ἐξῆλθεν καὶ ἀπῆλθεν εἰς ἔρημον (lonely) τόπον κἀκεῖ (and there) προσηύχετο…. καὶ εὗρον αὐτὸν καὶ λέγουσιν αὐτῷ ὅτι πάντες ζητοῦσίν σε.

7. πολλάκις (often) καὶ[4] εἰς πῦρ αὐτὸν ἔβαλεν καὶ εἰς ὕδατα.

---

[2] The key for parsing εὗρον is to know the word's root. There is no lexical form εὗρω.

[3] Why is ὁ θεός in the nominative?

[4] "Correlative conjunctions" are conjunctions that work in pairs. καί … καί can mean "both … and." οὔτε … οὔτε can mean "neither … nor."

8. οὔτε οἶδα οὔτε ἐπίσταμαι (I understand) σὺ τί λέγεις. καὶ ἐξῆλθεν ἔξω.

9. ἀπεθάνομεν τῇ ἁμαρτίᾳ. πῶς ἔτι ζήσομεν ἐν αὐτῇ;

10. ἀπεκρίθη αὐτοῖς ὁ Ἰησοῦς καὶ εἶπεν, ἀμὴν ἀμὴν λέγω ὑμῖν, ζητεῖτέ με οὐχ ὅτι εἴδετε σημεῖα, ἀλλ᾽ ὅτι ἐφάγετε (you ate) ἐκ τῶν ἄρτων καὶ ἐχορτάσθητε (you were satisfied).

Additional

11. ἐν τῷ οἴκῳ ἐν ᾧ οἱ μαθηταὶ τὸν ἄρτον ἀπὸ τῆς χειρὸς τοῦ Ἰησοῦ ἔλαβον, εἶπον σὺν ἀλλήλοις καὶ τῷ κυρίῳ αὐτῶν.

12. οἱ ὄχλοι προσῆλθον τὴν πόλιν καὶ ἐν τῇ συναγώγῃ συνήγαγον ὅτι ὁ Παῦλος ἐδίδασκε τὴν ἀλήθειαν περὶ Ἰησοῦ τοῦ Χριστοῦ τε καὶ τοῦ κυρίου.

13. καὶ ἀπέθανεν Σαούλ καὶ τρεῖς (three) υἱοὶ αὐτοῦ ἐν τῇ ἡμέρᾳ ἐκείνῃ καὶ πᾶς ὁ οἶκος αὐτοῦ ἐπὶ τὸ αὐτὸ ἀπέθανεν.

14. εἰσῆλθεν δὲ Νῶε καὶ οἱ υἱοὶ αὐτοῦ καὶ ἡ γυνὴ αὐτοῦ καὶ αἱ γυναῖκες τῶν υἱῶν αὐτοῦ μετ᾽ αὐτοῦ εἰς τὴν κιβωτὸν[5] διὰ τὸ ὕδωρ.

15. ἐν ἀγάπῃ προσελάβετο[6] ἡμᾶς ὁ δεσπότης·[7] διὰ τὴν ἀγάπην, ἣν ἔσχεν πρὸς ἡμᾶς, τὸ αἷμα[8] αὐτοῦ ἔδωκεν (he/she/it gave) ὑπὲρ ἡμῶν Ἰησοῦς Χριστὸς ὁ κύριος ἡμῶν ἐν θελήματι θεοῦ, καὶ τὴν[9] σάρκα ὑπὲρ τῆς σαρκὸς ἡμῶν καὶ τὴν ψυχὴν ὑπὲρ τῶν ψυχῶν ἡμῶν.

16. ὁ οὖν Ἰησοῦς … ἦλθεν εἰς Βηθανίαν, ὅπου ἦν Λάζαρος, ὃν ἤγειρεν (he/she/it raised) ἐκ νεκρῶν Ἰησοῦς.

17. ἐν τῷ κόσμῳ ἦν, καὶ ὁ κόσμος δι᾽ αὐτοῦ ἐγένετο, καὶ ὁ κόσμος αὐτὸν οὐκ ἔγνω.

18. μετὰ ταῦτα ἦλθεν[10] ὁ Ἰησοῦς καὶ οἱ μαθηταὶ αὐτοῦ εἰς τὴν Ἰουδαίαν γῆν καὶ ἐκεῖ διέτριβεν (he/she/it was spending time) μετ᾽ αὐτῶν καὶ ἐβάπτιζεν.

19. πέντε γὰρ ἄνδρας ἔσχες καὶ νῦν ὃν ἔχεις οὐκ ἔστιν σου ἀνήρ.

20. εἶπον οὖν αὐτῷ οἱ Ἰουδαῖοι, νῦν ἐγνώκαμεν (we know) ὅτι δαιμόνιον ἔχεις. Ἀβραὰμ ἀπέθανεν καὶ οἱ προφῆται, καὶ σὺ λέγεις, ἐάν τις τὸν λόγον μου τηρήσῃ (he/she/it might keep), οὐ μὴ[11] γεύσηται[12] θανάτου εἰς τὸν αἰῶνα.

Summary

1. "Correlative conjunctions" are a pair of conjunctions that connect two grammatically equal clauses. καί … καί can mean "both … and." μέν … δέ can mean "on the one hand … but on the other."

2. If a verb has a compound subject, the verb often agrees in number with the subject that is closest to it in word order (sentence 18).

References

α. Mt 14:29; β. Mt 14:15; γ. Rev 12:4; δ. Ac 19:2; ε. Jn 8:53; ζ. Mt 2:21; η. Lk 1:30; **1**. 1 Cor 15:3; **2**. Mk 14:16; **3**. Mk 1:11; **4**. Mk 9:38; **5**. Mk 10:18; **6**. Mk 1:35, 37; **7**. Mk 9:22; **8**. Mk 14:68; **9**. Rom 6:2; **10**. Jn 6:26; **11**. —; **12**. —; **13**. 1 Chr 10:6; **14**. Gen 7:7; **15**. 1 Clem 49:6; **16**. Jn 12:1; **17**. Jn 1:10; **18**. Jn 3:22; **19**. Jn 4:18; **20**. Jn 8:52.

---

5. κιβωτός, –οῦ, ἡ, "ark."

6. προσλαμβάνω, "I receive."

7. δεσπότης, –ου, ὁ, "master, lord."

8. αἷμα, –ματος, τό, "blood."

9. Hint: The article is performing one of its other functions in this context and is parallel to ἡμῶν.

10. ἦλθεν is singular even though it has a compound subject, Ἰησοῦς and μαθηταί. The rule is that the verb agrees in number with the physically closest subject. If ἦλθεν came after μαθηταί, the verb would have been plural.

11. Two consecutive negations do not cancel each other out as in English. οὐ μή forms a strong negation.

12. "He/she/it will taste." γεύομαι takes a direct object in the genitive.

Exercise 23

First Aorist Active and Middle Indicative

Parsing

	Inflected	Person / Case	Number	Tense / Gender	Voice	Mood	Lexical form	Inflected meaning
1.	ἐπιστεύσαμεν							
2.	ἠκούσατε							
3.	ἐζήτησε							
4.	ἐπλήρωσαν							
5.	ἐγένετο							
6.	προσηύξατο							
7.	ἐβάπτισας							
8.	ἔσχομεν							
9.	ἦλθαν							
10.	ἠρξάμεθα							

Warm-up

α. πολλοὶ ἐπίστευσαν εἰς τὸ ὄνομα αὐτοῦ.

β. ἔγραψεν ὑμῖν τὴν ἐντολὴν ταύτην.

γ. καὶ εὐθὺς ἐκάλεσεν αὐτούς.

δ. ἐκήρυξαν … καὶ δαιμόνια πολλὰ ἐξέβαλλον.

ε. ἤγειρεν αὐτήν.

ζ. ὁ δὲ … ἀπεκρίνατο οὐδέν.

η. ἦλθεν οὖν καὶ ἦρεν τὸ σῶμα αὐτοῦ.

Translation

1. ἐπίστευσα, διὸ ἐλάλησα, καὶ ἡμεῖς πιστεύομεν, διὸ καὶ λαλοῦμεν.

2. ἐγὼ ἐβάπτισα ὑμᾶς ὕδατι, αὐτὸς δὲ βαπτίσει ὑμᾶς ἐν πνεύματι ἁγίῳ.

3. καθὼς ἐμὲ ἀπέστειλας εἰς τὸν κόσμον, κἀγὼ ἀπέστειλα αὐτοὺς εἰς τὸν κόσμον.

4. ἤκουσεν Ἰησοῦς ὅτι ἐξέβαλον αὐτὸν ἔξω καὶ εὑρὼν (after finding) αὐτὸν εἶπεν, σὺ πιστεύεις εἰς τὸν υἱὸν τοῦ ἀνθρώπου;

5. λέγει αὐτοῖς ὅτι ἦραν τὸν κύριόν μου, καὶ οὐκ οἶδα ποῦ (where) ἔθηκαν (they laid) αὐτόν.

6. καὶ ἀπῆλθεν καὶ ἤρξατο κηρύσσειν (to proclaim) ἐν τῇ Δεκαπόλει[1] ὅσα[2] ἐποίησεν αὐτῷ ὁ Ἰησοῦς.

---

[1] The "Decapolis" is the region of the "ten cities" to the east of the Jordan. It was a gentile area as you may have guessed from the fact that it is a Greek name.

[2] This word is used in many different contexts. Sometimes you cannot stick to the "as great as / as many as" gloss too closely. The NIV translates, "how much." You could use "everything."

7. λέγει αὐτοῖς, ἔρχεσθε (come!) καὶ ὄψεσθε. ἦλθαν οὖν καὶ εἶδαν ποῦ (where) μένει καὶ παρ᾽ αὐτῷ ἔμειναν τὴν ἡμέραν ἐκείνην.

8. ταῦτα ἔγραψα ὑμῖν ἵνα εἰδῆτε (you might know) ὅτι ζωὴν ἔχετε αἰώνιον, τοῖς πιστεύουσιν (those who believe) εἰς τὸ ὄνομα τοῦ υἱοῦ τοῦ θεοῦ.

9. καὶ συνάγονται οἱ ἀπόστολοι πρὸς τὸν Ἰησοῦν καὶ ἀπήγγειλαν[3] αὐτῷ πάντα ὅσα ἐποίησαν καὶ ὅσα ἐδίδαξαν.

10. πολλοὶ ἐροῦσίν μοι ἐν ἐκείνῃ τῇ ἡμέρᾳ, κύριε κύριε, οὐ τῷ σῷ[4] ὀνόματι ἐπροφητεύσαμεν,[5] καὶ τῷ σῷ ὀνόματι δαιμόνια ἐξεβάλομεν, καὶ τῷ σῷ ὀνόματι δυνάμεις πολλὰς ἐποιήσαμεν; καὶ τότε ὁμολογήσω (I will say) αὐτοῖς ὅτι οὐδέποτε (never) ἔγνων ὑμᾶς.

---

3   ἀπαγγέλλω, "I report." Hint: this is a liquid.
4   The adjective σός, σή, σόν means "your" in all its forms, much like ἐμός always means "my." σός occurs twenty-seven times in the New Testament. The word occurs repeatedly throughout this passage.
5   προφητεύω, "I prophesy."

Additional

11. οἱ πονηροὶ ἑπτὰ ἄνδρας καὶ μίαν γυναῖκα ἀπέκτειναν, ὁ δὲ λαὸς τοῦ θεοῦ ἐν τῇ ἐκκλησίᾳ ἔμενεν

    ὅτι ἐκεῖ ἤκουσαν τὸ εὐαγγέλιον τῆς ζωῆς.

12. ὁ γὰρ Πέτρος ἔγραψε τοῖς ἐν Ἰερουσαλὴμ ὅτι δυνάμεις πολλὰς καὶ μεγάλας ποιεῖ ἐν τῷ ἁγίῳ

    πνεύματι· δόξα τῷ θεῷ.

13. καὶ ἐποίησεν αὐτὸν ἕνα τῶν φίλων[6] αὐτοῦ καὶ ἐδόξασεν αὐτὸν δόξῃ μεγάλῃ.

14. καὶ οὐκ ἠκούσατε τῆς φωνῆς κυρίου ἧς[7] ἀπέστειλέν με πρὸς ὑμᾶς.

15. καὶ ἔγραψεν Μωϋσῆς τὴν ᾠδὴν[8] ταύτην ἐν ἐκείνῃ τῇ ἡμέρᾳ καὶ ἐδίδαξεν αὐτὴν τοὺς υἱοὺς
    Ἰσραήλ.

16. καὶ ἐλάλησαν αὐτῷ τὸν λόγον τοῦ κυρίου σὺν πᾶσιν τοῖς ἐν τῇ οἰκίᾳ αὐτοῦ.

17. ἄλλους ἔσωσεν, ἑαυτὸν οὐ δύναται σῶσαι (to save).

18. πάντες γὰρ αὐτὸν εἶδον καὶ ἐταράχθησαν (they were troubled). ὁ δὲ εὐθὺς ἐλάλησεν μετ᾽ αὐτῶν.

19. πάτερ δίκαιε, καὶ ὁ κόσμος σε οὐκ ἔγνω, ἐγὼ δέ σε ἔγνων, καὶ οὗτοι ἔγνωσαν ὅτι σύ με
    ἀπέστειλας.

20. νῦν δὲ ζητεῖτέ με ἀποκτεῖναι (to kill) ἄνθρωπον ὃς τὴν ἀλήθειαν ὑμῖν λελάληκα (I have spoken) ἣν
    ἤκουσα παρὰ τοῦ θεοῦ· τοῦτο Ἀβραὰμ οὐκ ἐποίησεν. ὑμεῖς ποιεῖτε τὰ ἔργα τοῦ πατρὸς ὑμῶν.
    εἶπαν οὖν αὐτῷ, ἡμεῖς ἐκ πορνείας οὐ γεγεννήμεθα (we have been born)· ἕνα πατέρα ἔχομεν τὸν
    θεόν. εἶπεν αὐτοῖς ὁ Ἰησοῦς, εἰ ὁ θεὸς πατὴρ ὑμῶν ἦν ἠγαπᾶτε ἂν[9] ἐμέ, ἐγὼ γὰρ ἐκ τοῦ θεοῦ
    ἐξῆλθον.

References

α. Jn 2:23; β. Mk 10:5; γ. Mk 1:20; δ. Mk 6:12–13; ε. Mk 1:31; ζ. Mk 14:61; η. Jn 19:38; **1.** 2 Cor 4:13; **2.** Mk 1:8; **3.** Jn 17:18; **4.** Jn 9:35; **5.** Jn 20:13; **6.** Mk 5:20; **7.** Jn 1:39; **8.** 1 Jn 5:13; **9.** Mk 6:30; **10.** Mt 7:22–23; **11.** —; **12.** —; **13.** (1 Mac 14:39); **14.** Jer 42:21 [LXX 49:21]; **15.** Deut 31:22; **16.** Ac 16:32; **17.** Mt 27:42; **18.** Mk 6:50; **19.** Jn 17:25; **20.** Jn 8:40–42.

---

[6] φίλος, –η, –ον, "beloved, friend."

[7] ἧς has been attracted to the case of κυρίου. It "should" have been dative since it is instrumental.

[8] ᾠδή, –ῆς, ἡ, "song."

[9] ἠγαπᾶτε ἂν means "you would love."

Exercise 24

Aorist and Future Passive Indicative

Parsing

	Inflected	Person / Case	Number	Tense / Gender	Voice	Mood	Lexical form	Inflected meaning
1.	ἐπιστεύθημεν							
2.	τηρηθήσεται							
3.	ἐβλήθητε							
4.	κριθήσεσθε							
5.	ἠκούσθητε							
6.	συνήχθη							
7.	ἀπεκρίθησαν							
8.	βλέψεις							
9.	ἐγράφη							
10.	σωθήσεσθε							

Warm-up

α. αὐτὸς ἠγέρθη ἀπὸ τῶν νεκρῶν.

β. κἀκεῖ σοι λαληθήσεται περὶ πάντων.

γ. κηρυχθήσεται τοῦτο τὸ εὐαγγέλιον.

δ. ἡ δὲ ἀπεκρίθη καὶ λέγει αὐτῷ, κύριε.

ε. ἐν τούτῳ ἐδοξάσθη ὁ πατήρ μου.

ζ. ὁ οἶκός μου οἶκος προσευχῆς (prayer) κληθήσεται.[1]

η. ὅτε δὲ ἐξεβλήθη ὁ ὄχλος.

---

[1] In the passive, verbs like καλέω can become virtually synonymous with εἰμί; therefore, the second οἶκος functions as a predicate nominative. "My house is a house of prayer."

Translation

1. καὶ συνήχθησαν πολλοὶ … καὶ ἐλάλει αὐτοῖς τὸν λόγον.

2. ὁ δὲ ἀγαπῶν (one who loves) με ἀγαπηθήσεται ὑπὸ τοῦ πατρός μου, κἀγὼ ἀγαπήσω αὐτόν.

3. καὶ ἐγένετο ἐν ἐκείναις ταῖς ἡμέραις ἦλθεν Ἰησοῦς ἀπὸ Ναζαρὲτ τῆς Γαλιλαίας καὶ ἐβαπτίσθη εἰς τὸν Ἰορδάνην ὑπὸ Ἰωάννου.

4. ἤγαγεν αὐτὸν πρὸς τὸν Ἰησοῦν…. ὁ Ἰησοῦς εἶπεν, σὺ εἶ Σίμων ὁ υἱὸς Ἰωάννου· σὺ κληθήσῃ Κηφᾶς, ὃ ἑρμηνεύεται (is translated as) Πέτρος.

5. οὐκ ἔστιν ὧδε, ἠγέρθη γὰρ καθὼς εἶπεν.

6. καὶ ἐπορεύθησαν ἕκαστος εἰς τὸν οἶκον αὐτοῦ, Ἰησοῦς δὲ ἐπορεύθη εἰς τὸ ὄρος τῶν ἐλαιῶν (olives).

7. ἔλεγεν γὰρ ὅτι ἐὰν ἅψωμαι[2] κἂν (even) τῶν ἱματίων αὐτοῦ σωθήσομαι.

---

2   ἅψωμαι means "I touch" and takes its direct object in the genitive.

8. ὁ μὲν υἱὸς τοῦ ἀνθρώπου ὑπάγει καθὼς γέγραπται (he/she/it is written) περὶ αὐτοῦ, οὐαὶ (woe) δὲ τῷ ἀνθρώπῳ ἐκείνῳ δι᾿ οὗ ὁ υἱὸς τοῦ ἀνθρώπου παραδίδοται (he/she/it is betrayed)· καλὸν[3] αὐτῷ εἰ οὐκ ἐγεννήθη ὁ ἄνθρωπος ἐκεῖνος.

9. πάλιν δὲ ὄψομαι ὑμᾶς, καὶ χαρήσεται ὑμῶν ἡ καρδία, καὶ τὴν χαρὰν ὑμῶν οὐδεὶς αἴρει ἀφ᾿ ὑμῶν.

10. καὶ ἐζήτουν αὐτὸν κρατῆσαι (to arrest), καὶ[4] ἐφοβήθησαν τὸν ὄχλον, ἔγνωσαν γὰρ ὅτι πρὸς αὐτοὺς τὴν παραβολὴν εἶπεν.

Additional

11. ἐχάρημεν γὰρ ἐγὼ καὶ ἡ γυνή μου ὅτι μετὰ ἑπτὰ ἡμέρας ἕξομεν οἰκίαν ἐπὶ τοῖς ὄρεσιν τοῖς περὶ ταύτην τὴν πόλιν.

12. ὅτε οἱ δοῦλοι τοῦ θεοῦ ἐν ταῖς συναγώγαις τὸ εὐαγγέλιον ἐκήρυξαν, τινὲς ἐκ τῆς πόλεως ἐβλήθησαν ὑπὸ τῶν Φαρισαίων καὶ ἄλλοι ἀπεκτάνθησαν.

---

[3] Although καλός generally means "good," that obviously cannot be its meaning here. It can also be used in the comparative sense of "better."

[4] Although καί normally means "and," you can see in this verse that it can carry an adversative force ("but") just like δέ.

13. εἶδεν δὲ Ἰσραὴλ τὴν χεῖρα τὴν μεγάλην ἃ ἐποίησεν κύριος τοῖς Αἰγυπτίοις,[5] ἐφοβήθη δὲ ὁ λαὸς τὸν κύριον καὶ ἐπίστευσαν τῷ θεῷ καὶ Μωϋσῇ τῷ θεράποντι[6] αὐτοῦ.

14. καὶ φοβηθήσονται τὰ ἔθνη τὸ ὄνομα κυρίου καὶ πάντες οἱ βασιλεῖς τῆς γῆς τὴν δόξαν σου.

15. καὶ εἶπεν Ἀδάμ, τοῦτο νῦν ὀστοῦν[7] ἐκ τῶν ὀστέων μου καὶ σὰρξ ἐκ τῆς σαρκός μου, αὕτη κληθήσεται γυνή ὅτι ἐκ τοῦ ἀνδρὸς αὐτῆς ἐλήμφθη αὕτη.

16. καὶ ἐφοβήθησαν φόβον μέγαν καὶ ἔλεγον πρὸς ἀλλήλους, τίς ἄρα οὗτός ἐστιν;

17. ὅσοι δὲ ἔλαβον αὐτόν, ἔδωκεν (he/she/it gave) αὐτοῖς ἐξουσίαν τέκνα θεοῦ γενέσθαι (to be), τοῖς πιστεύουσιν (those who believe) εἰς τὸ ὄνομα αὐτοῦ, οἳ οὐκ ἐξ αἱμάτων[8] οὐδὲ ἐκ θελήματος σαρκὸς οὐδὲ ἐκ θελήματος ἀνδρὸς ἀλλ᾽ ἐκ θεοῦ ἐγεννήθησαν.

18. μακάριοι οἱ πτωχοὶ τῷ πνεύματι
    ὅτι αὐτῶν ἐστιν ἡ βασιλεία τῶν οὐρανῶν.
    μακάριοι οἱ καθαροὶ τῇ καρδίᾳ,
    ὅτι αὐτοὶ τὸν θεὸν ὄψονται.
    μακάριοι οἱ εἰρηνοποιοί (peacemakers),
    ὅτι αὐτοὶ υἱοὶ θεοῦ κληθήσονται.

19. οἱ δὲ υἱοὶ τῆς βασιλείας ἐκβληθήσονται εἰς τὸ σκότος.

20. οὔπω γὰρ ἦν πνεῦμα, ὅτι Ἰησοῦς οὐδέπω (not yet) ἐδοξάσθη.

Summary

1. In the passive, verbs like καλέω become virtually synonymous with εἰμί and are therefore followed by a predicate nominative.

2. καί also has an adversative function and in context can mean "but."

References

α. Mt 14:2; β. Ac 22:10; γ. Mt 24:14; δ. Mk 7:28; ε. Jn 15:8; ζ. Mt 21:13; η. Mt 9:25; **1**. Mk 2:2; **2**. Jn 14:21; **3**. Mk 1:9; **4**. Jn 1:42; **5**. Mt 28:6; **6**. Jn 7:53–8:1; **7**. Mk 5:28; **8**. Mk 14:21; **9**. Jn 16:22; **10**. Mk 12:12; **11**. —; **12**. —; **13**. Ex 14:31; **14**. Ps 102:15 [LXX 101:16]; **15**. Gen 2:23; **16**. Mk 4:41; **17**. Jn 1:12–13; **18**. Mt 5:3, 8–9; **19**. Mt 8:12; **20**. Jn 7:39.

---

[5] Αἰγύπτιος, –ία, –ιον, "Egyptian."

[6] θεράπων, –οντος, ὁ, "servant."

[7] ὀστέον, –ου, τό, "bone." (Can contract to ὀστοῦν in the nominative and accusative singular.)

[8] The NIV translates, "natural descent."

Exercise 25

Perfect Indicative

Parsing

	Inflected	Person / Case	Number	Tense / Gender	Voice	Mood	Lexical form	Inflected meaning
1.	ἠγάπηκα							
2.	πεπιστεύμεθα							
3.	ἠκολούθηκεν							
4.	ἔγνωκαν							
5.	γεγέννησαι							
6.	ἀκηκόαμεν							
7.	ἀπέθανεν							
8.	σεσώκατε							
9.	κέκλησθε							
10.	γέγραφας							

Warm-up

α. πεπίστευκεν εἰς τὸ ὄνομα.

β. θεὸν οὐδεὶς ἑώρακεν.

γ. πεπλήρωται ὁ καιρός.

δ. ἐγὼ εἰς τοῦτο γεγέννημαι καὶ εἰς τοῦτο ἐλήλυθα.

ε. βέβληται εἰς τὴν θάλασσαν.

ζ. ἔχομεν ταῦτα ἃ ᾐτήκαμεν ἀπ᾽ αὐτοῦ.

η. ὁ διδάσκαλος τοῦ κόσμου τούτου κέκριται.

Translation

As you do these verses, be sure to keep in mind the significance of the perfect tense. Theologically it will make them come alive.

1. ἐγὼ πεπίστευκα ὅτι σὺ εἶ ὁ χριστὸς ὁ υἱὸς τοῦ θεοῦ.

2. ἀπάγγειλον (tell!) αὐτοῖς ὅσα ὁ κύριός σοι πεποίηκεν.

3. οὐ δύναται ἁμαρτάνειν (to sin), ὅτι ἐκ τοῦ θεοῦ γεγέννηται.[1]

4. κἀγὼ ἑώρακα, καὶ μεμαρτύρηκα ὅτι οὗτός ἐστιν ὁ υἱὸς[2] τοῦ θεοῦ.

5. ἡ πίστις σου σέσωκέν σε. καὶ ἐσώθη ἡ γυνὴ ἀπὸ τῆς ὥρας ἐκείνης.

6. ὁ πιστεύων (one who believes) εἰς αὐτὸν οὐ κρίνεται· ὁ δὲ μὴ πιστεύων (one who believes) ἤδη κέκριται, ὅτι μὴ πεπίστευκεν εἰς τὸ ὄνομα τοῦ μονογενοῦς (only) υἱοῦ τοῦ θεοῦ.

---

[1] How does the verse spell out the theological significance of this tense? ἁμαρτάνειν is a continuous verbal form.

[2] An alternate reading has ἐκλέκτος, "Chosen."

7. ³ τοῖς πᾶσιν γέγονα πάντα.

8. αὕτη δέ ἐστιν ἡ κρίσις (judgment) ὅτι τὸ φῶς ἐλήλυθεν εἰς τὸν κόσμον καὶ ἠγάπησαν οἱ ἄνθρωποι μᾶλλον τὸ σκότος (darkness) ἢ τὸ φῶς· ἦν⁴ γὰρ αὐτῶν πονηρὰ τὰ ἔργα.

9. ἀλλὰ λέγω ὑμῖν ὅτι καὶ Ἠλίας ἐλήλυθεν, καὶ ἐποίησαν αὐτῷ ὅσα ἤθελον, καθὼς γέγραπται ἐπ᾽ αὐτόν.

10. ἀλλὰ ἔγνωκα ὑμᾶς ὅτι τὴν ἀγάπην τοῦ θεοῦ οὐκ ἔχετε ἐν ἑαυτοῖς. ἐγὼ ἐλήλυθα ἐν τῷ ὀνόματι τοῦ πατρός μου, καὶ οὐ λαμβάνετέ με.

Additional

11. ὅτι πεπιστεύκαμεν τὴν ἀλήθειαν περὶ τοῦ Ἰησοῦ, βαπτισθησόμεθα ἐν τοῖς ὕδασιν τῆς θαλάσσης ὑπὸ τοῦ Ἰωάννου τοῦ ἀποστόλου.

12. αἱ οὖν γλῶσσαι τῶν στομάτων ἡμῶν μεμαρτύρηκαν περὶ τοῦ κυρίου τῶν οὐρανῶν ὅτι ἡμᾶς σέσωκεν ἀπὸ τῶν ἁμαρτιῶν ἡμῶν διὰ τοῦ αἵματος τοῦ υἱοῦ αὐτοῦ.

---

3   Hint: The first πᾶς is masculine, and the second is neuter.
4   Hint: find the subject of ἦν; even though the verb is singular, the subject is plural.

13. καὶ εἶπεν Ἰσραὴλ πρὸς Ἰωσήφ, ἀποθανοῦμαι ἀπὸ τοῦ νῦν, ἐπεὶ (because) ἑώρακα τὸ πρόσωπόν σου· ἔτι γὰρ σὺ ζῇς.

14. καὶ εἶπεν Μωϋσῆς πρὸς τὸν θεόν, ἰδοὺ ἐγὼ ἐλεύσομαι πρὸς τοὺς υἱοὺς Ἰσραὴλ καὶ ἐρῶ πρὸς αὐτούς· ὁ θεὸς τῶν πατέρων ὑμῶν ἀπέσταλκέν με πρὸς ὑμᾶς· ἐρωτήσουσίν με, τί ὄνομα αὐτῷ, τί ἐρῶ πρὸς αὐτούς;

15. καὶ εἶπεν κύριος πρὸς Μωϋσῆν, καὶ τοῦτόν σοι τὸν λόγον, ὃν εἴρηκας ποιήσω· εὕρηκας γὰρ χάριν ἐνώπιόν μου καὶ οἶδά σε παρὰ πάντας.

16. τὰ ῥήματα ἃ ἐγὼ λελάληκα ὑμῖν πνεῦμά ἐστιν καὶ ζωή ἐστιν.

17. καὶ ἡμεῖς πεπιστεύκαμεν καὶ ἐγνώκαμεν ὅτι σὺ εἶ ὁ ἅγιος τοῦ θεοῦ.

18. ἀμὴν ἀμὴν λέγω σοι ὅτι ὃ οἴδαμεν λαλοῦμεν καὶ ὃ ἑωράκαμεν μαρτυροῦμεν, καὶ τὴν μαρτυρίαν ἡμῶν οὐ λαμβάνετε.

19. ὑμεῖς ἀπεστάλκατε πρὸς Ἰωάννην, καὶ μεμαρτύρηκεν τῇ ἀληθείᾳ· ἐγὼ δὲ οὐ παρὰ ἀνθρώπου τὴν μαρτυρίαν λαμβάνω, ἀλλὰ ταῦτα λέγω ἵνα ὑμεῖς σωθῆτε (you might be saved).

20. τότε λέγει αὐτῷ ὁ Ἰησοῦς, ὕπαγε (depart!), σατανᾶ, γέγραπται γάρ, κύριον τὸν θεόν σου προσκυνήσεις.

References

α. Jn 3:18; β. Jn 1:18; γ. Mk 1:15; δ. Jn 18:37; ε. Mk 9:42; ζ. (1 Jn 5:15); η (Jn 16:11); **1**. Jn 11:27; **2**. Mk 5:19; **3**. 1 Jn 3:9; **4**. Jn 1:34; **5**. Mt 9:22; **6**. Jn 3:18; **7**. 1 Cor 9:22; **8**. Jn 3:19; **9**. Mk 9:13; **10**. Jn 5:42–43; **11**. —; **12**. —; **13**. Gen 46:30; **14**. Ex 3:13; **15**. Ex 33:17; **16**. Jn 6:63; **17**. Jn 6:69; **18**. Jn 3:11; **19**. Jn 5:33–34; **20**. Mt 4:10.

Review #5

Grammar

1. Write out the Master Indicative Verb Chart.

Tense	Aug/Redup	Tense stem	Tense formative	Conn. vowel	Personal endings	1st sg paradigm
Imperfect active						
2nd future passive						
1st aorist active						
Liquid aorist active						
2nd aorist middle						
1st aorist passive						
1st perfect active						
2nd perfect active						
Perfect mid/pas						

2. Write out the twelve forms of λύω, imperfect active and passive.

	active		active
1st sg		1st pl	
2nd sg		2nd pl	
3rd sg		3rd pl	
	passive		passive
1st sg		1st pl	
2nd sg		2nd pl	
3rd sg		3rd pl	

3. When are primary and secondary endings used?

    a. Primary

    b. Secondary

4. What are the three basic rules of augmentation?

    a. Verbs beginning with a consonant

    b. Verbs beginning with a vowel

    c. Verbs beginning with a diphthong

5. What are three clues as to the difference between the present and second aorist forms of the same verb?

    a.

    b.

    c.

6. What is the primary significance of the following tenses?

    a. Imperfect

    b. Aorist

    c. Perfect

7. Give three different uses of the middle voice.

    a.

    b.

    c.

Parsing

	Inflected	Person / Case	Number	Tense / Gender	Voice	Mood	Lexical form	Inflected meaning
1.	ἠκολούθουν							
2.	εἰσῆλθεν							
3.	ἐκήρυξας							

4.	ζητηθήσεται							
5.	ἔλαβον							
6.	πεπιστεύκατε							
7.	ἐπιστεύετο							
8.	ἐγράφη							
9.	ἐγένου							
10.	ἠγάπων							
11.	ἤχθησαν							
12.	ἐμείναμεν							
13.	ἐλήλυθα							

Translation: John 9:18 – 34

9:18 οὐκ ἐπίστευσαν οὖν οἱ Ἰουδαῖοι περὶ αὐτοῦ ὅτι ἦν τυφλὸς καὶ ἀνέβλεψεν, ἕως ὅτου[1]

ἐφώνησαν τοὺς γονεῖς αὐτοῦ τοῦ ἀναβλέψαντος[2] 9:19 καὶ ἠρώτησαν αὐτοὺς λέγοντες (saying), οὗτός

ἐστιν ὁ υἱὸς ὑμῶν, ὃν ὑμεῖς λέγετε ὅτι τυφλὸς ἐγεννήθη; πῶς οὖν βλέπει ἄρτι; 9:20 ἀπεκρίθησαν οὖν

οἱ γονεῖς αὐτοῦ καὶ εἶπαν, οἴδαμεν ὅτι οὗτός ἐστιν ὁ υἱὸς ἡμῶν καὶ ὅτι τυφλὸς ἐγεννήθη· 9:21 πῶς δὲ

νῦν βλέπει οὐκ οἴδαμεν, ἢ τίς ἤνοιξεν αὐτοῦ τοὺς ὀφθαλμοὺς ἡμεῖς οὐκ οἴδαμεν· αὐτὸν ἐρωτήσατε

(ask!), ἡλικίαν[3] ἔχει, αὐτὸς περὶ ἑαυτοῦ λαλήσει. 9:22 ταῦτα εἶπαν οἱ γονεῖς αὐτοῦ ὅτι ἐφοβοῦντο

τοὺς Ἰουδαίους· ἤδη γὰρ συνετέθειντο (they had decided) οἱ Ἰουδαῖοι ἵνα ἐάν τις αὐτὸν ὁμολογήσῃ

(he/she/it might confess) Χριστόν, ἀποσυνάγωγος (expelled from the synagogue) γένηται (he/she/it

might be). 9:23 διὰ τοῦτο οἱ γονεῖς αὐτοῦ εἶπαν ὅτι ἡλικίαν ἔχει, αὐτὸν ἐπερωτήσατε (ask!).

---

[1] ἕως ὅτου is an idiom meaning "until."

[2] τοῦ ἀναβλέψαντος means "the one who had received sight."

[3] ἡλικία, –ας, ἡ, "age." ἡλικίαν ἔχει is an idiom meaning, "he is of age," i.e., old enough to answer for himself.

9:24 ἐφώνησαν οὖν τὸν ἄνθρωπον ἐκ δευτέρου[4] ὃς ἦν τυφλὸς καὶ εἶπαν αὐτῷ, δὸς (give!)

δόξαν τῷ θεῷ· ἡμεῖς οἴδαμεν ὅτι οὗτος ὁ ἄνθρωπος ἁμαρτωλός ἐστιν. 9:25 ἀπεκρίθη οὖν ἐκεῖνος,

εἰ ἁμαρτωλός ἐστιν οὐκ οἶδα· ἓν οἶδα, ὅτι τυφλὸς ὢν (being) ἄρτι βλέπω. 9:26 εἶπον οὖν αὐτῷ,

τί ἐποίησέν σοι; πῶς ἤνοιξέν σου τοὺς ὀφθαλμούς; 9:27 ἀπεκρίθη αὐτοῖς, εἶπον ὑμῖν ἤδη καὶ

οὐκ ἠκούσατε· τί πάλιν θέλετε ἀκούειν (to hear); μὴ καὶ ὑμεῖς θέλετε αὐτοῦ μαθηταὶ γενέσθαι (to

become); 9:28 καὶ ἐλοιδόρησαν[5] αὐτὸν καὶ εἶπον, σὺ μαθητὴς εἶ ἐκείνου, ἡμεῖς δὲ τοῦ Μωϋσέως

ἐσμὲν μαθηταί· 9:29 ἡμεῖς οἴδαμεν ὅτι Μωϋσεῖ λελάληκεν ὁ θεός, τοῦτον δὲ οὐκ οἴδαμεν πόθεν

ἐστίν. 9:30 ἀπεκρίθη ὁ ἄνθρωπος καὶ εἶπεν αὐτοῖς, ἐν τούτῳ[6] γὰρ τὸ θαυμαστόν[7] ἐστιν, ὅτι ὑμεῖς

οὐκ οἴδατε πόθεν ἐστίν, καὶ ἤνοιξέν μου τοὺς ὀφθαλμούς. 9:31 οἴδαμεν ὅτι ἁμαρτωλῶν ὁ θεὸς

οὐκ ἀκούει, ἀλλ᾽ ἐάν τις θεοσεβὴς[8] ᾖ (he/she/it might be) καὶ τὸ θέλημα αὐτοῦ ποιῇ (he/she/

it might do) τούτου ἀκούει. 9:32 ἐκ τοῦ αἰῶνος οὐκ ἠκούσθη ὅτι ἠνέῳξέν τις ὀφθαλμοὺς τυφλοῦ

γεγεννημένου (who has been born)· 9:33 εἰ μὴ ἦν οὗτος παρὰ θεοῦ, οὐκ ἠδύνατο ποιεῖν (to do)

οὐδέν. 9:34 ἀπεκρίθησαν καὶ εἶπαν αὐτῷ, ἐν ἁμαρτίαις σὺ ἐγεννήθης ὅλος καὶ σὺ διδάσκεις ἡμᾶς;

καὶ ἐξέβαλον αὐτὸν ἔξω.

---

[4] As you probably guessed from the context, ἐκ δευτέρου means "a second time."
[5] λοιδορέω, "I hurl insults at."
[6] ἐν τούτῳ is obviously idiomatic. You can figure out its meaning from the context.
[7] θαυμαστός, –ή, –όν, "wonderful, marvelous, remarkable."
[8] θεοσεβής, –ές, "god-fearing, devout."

Exercise 27

Imperfective (Present) Adverbial Participles

Parsing

	Inflected	Person / Case	Number	Tense / Gender	Voice	Mood	Lexical form	Inflected meaning
1.	ἀκουόντων							
2.	ζητοῦντι							
3.	ἀναβαῖνον							
4.	πιστευομένην							
5.	φωνῆς							
6.	ποιοῦντας							
7.	καταβαίνοντα							
8.	ἐμαρτύρησαν							
9.	οὔσας							
10.	προσευχομένους							

Warm-up

α. ἀναβαίνοντες εἰς Ἰεροσόλυμα

β. εἶδον αὐτοὺς ὑπάγοντας.

γ. ἀπέστειλαν πρὸς αὐτὸν καλοῦντες αὐτόν.

δ. προσῆλθον αὐτῷ διδάσκοντι οἱ ἀρχιερεῖς.

ε. καὶ καθήμενοι ἐτήρουν αὐτόν.

ζ. μὴ ὁρῶντες ἀλλὰ πιστεύοντες

η. βλέποντες οὐ βλέπουσιν καὶ ἀκούοντες οὐκ ἀκούουσιν.

Translation

Be sure you can parse each participle and identify the word it is modifying.

1. ταῦτα εἶπεν ἐν συναγωγῇ διδάσκων ἐν Καφαρναούμ.

2. ἦλθεν ὁ Ἰησοῦς εἰς τὴν Γαλιλαίαν κηρύσσων τὸ εὐαγγέλιον τοῦ θεοῦ.

3. πολλοὶ ἐλεύσονται ἐπὶ τῷ ὀνόματί μου λέγοντες ὅτι ἐγώ εἰμι.[1]

4. ἐπορεύετο γὰρ τὴν ὁδὸν αὐτοῦ χαίρων.

5. Παῦλος δὲ καὶ Βαρναβᾶς διέτριβον (they stayed) ἐν Ἀντιοχείᾳ διδάσκοντες καὶ εὐαγγελιζόμενοι[2] μετὰ καὶ ἑτέρων πολλῶν τὸν λόγον τοῦ κυρίου.

6. καὶ ἀναβαίνων ὁ Ἰησοῦς[3] εἰς Ἱεροσόλυμα παρέλαβεν (he/she/it took) τοὺς δώδεκα.

---

[1] What appears to be omitted from this final phrase?

[2] The lexical form is εὐαγγελίζω, but it is used almost always as a middle-only or passive.

[3] On the placement of the main verb's subject inside a participial phrase, see exercise 11, sentence 7.

7. καὶ ἦλθεν κηρύσσων εἰς τὰς συναγωγὰς αὐτῶν εἰς ὅλην τὴν Γαλιλαίαν καὶ τὰ δαιμόνια ἐκβάλλων. Καὶ ἔρχεται πρὸς αὐτὸν λεπρὸς (leper) παρακαλῶν αὐτόν.

8. ὡς δὲ ἦν ἐν τοῖς Ἱεροσολύμοις ἐν τῷ πάσχα (Passover) ἐν τῇ ἑορτῇ (feast), πολλοὶ ἐπίστευσαν εἰς τὸ ὄνομα αὐτοῦ, θεωροῦντες αὐτοῦ τὰ σημεῖα ἃ ἐποίει.

9. τότε προσῆλθεν αὐτῷ ἡ μήτηρ τῶν υἱῶν Ζεβεδαίου μετὰ τῶν υἱῶν αὐτῆς προσκυνοῦσα καὶ αἰτοῦσά τι ἀπ᾽ αὐτοῦ.

10. δικαιοσύνη θεοῦ πεφανέρωται (he/she/it has been revealed) μαρτυρουμένη ὑπὸ τοῦ νόμου καὶ τῶν προφητῶν.

Additional

11. εὐαγγελίζοντες τὸν λαὸν ἐν τῇ Ἱεροσόλυμα οἱ μαθηταὶ ἐδόξαζον τὸν Ἰησοῦν διὰ πάντα τὰ σημεῖα καὶ τὰς δυναμεῖς αὐτοῦ.

12. καθήμενος σὺν τοῖς δυσὶν ἐν τῇ ἐκκλησίᾳ οὗτος παρεκάλεσεν τὸν ἀνδρὰ καὶ τὴν γυναῖκα ἀλληλοῖς λαλεῖν (to speak) ἐν τοῖς λόγοις τῆς ἀγάπης.

13. ᾔδει γὰρ ὁ θεὸς ὅτι ἐν ᾗ ἂν ἡμέρᾳ φάγητε (you might eat) ἀπ᾽ αὐτοῦ διανοιχθήσονται⁴ ὑμῶν οἱ ὀφθαλμοί καὶ ἔσεσθε ὡς θεοὶ γινώσκοντες καλὸν καὶ πονηρόν.

14. καὶ εἶπεν⁵ πρὸς τοὺς ἄνδρας, γινώσκουσα γινώσκω ἐγὼ ὅτι κύριος ὁ θεὸς. παραδίδωσιν (he/she/it is handing over) ὑμῖν τὴν γῆν ταύτην.

15. ποιοῦντες γὰρ τὸ θέλημα τοῦ Χριστοῦ εὑρήσομεν ἀνάπαυσιν.⁶

16. καὶ ἀπεκρίθη αὐτῷ εἷς ἐκ τοῦ ὄχλου, διδάσκαλε, ἤνεγκα⁷ τὸν υἱόν μου πρὸς σέ, ἔχοντα πνεῦμα ἄλαλον.⁸

17. ὀφθαλμοὺς ἔχοντες οὐ βλέπετε καὶ ὦτα⁹ ἔχοντες οὐκ ἀκούετε;

18. πολλὰ μὲν οὖν καὶ ἕτερα παρακαλῶν εὐηγγελίζετο τὸν λαόν.

19. αὐτὸς διώδευεν¹⁰ κατὰ¹¹ πόλιν καὶ κώμην κηρύσσων καὶ εὐαγγελιζόμενος τὴν βασιλείαν τοῦ θεοῦ, καὶ οἱ δώδεκα σὺν αὐτῷ.

20. εἰσελθὼν (after entering) δὲ εἰς τὴν συναγωγὴν ἐπαρρησιάζετο¹² ἐπὶ μῆνας τρεῖς διαλεγόμενος καὶ πείθων περὶ τῆς βασιλείας τοῦ θεοῦ.

Summary

1. Greek negates a word by adding the alpha privative to the beginning of a word (sentence 16).
2. You will often see the distributive function of κατά, so be sure to remember it (sentence 19).

References

α. Mk 10:32; β. Mk 6:33; γ. Mk 3:31; δ. Mt 21:23; ε. Mt 27:36; ζ. (1 Pt 1:8); η. Mt 13:13; **1.** Jn 6:59; **2.** Mk 1:14; **3.** Mk 13:6; **4.** Ac 8:39; **5.** Ac 15:35; **6.** Mt 20:17; **7.** Mk 1:39–40; **8.** Jn 2:23; **9.** Mt 20:20; **10.** Rom 3:21; **11.** —; **12.** —; **13.** Gen 3:5; **14.** 1 Clem 12:5; **15.** 2 Clem 6:7; **16.** Mk 9:17; **17.** Mk 8:18; **18.** Lk 3:18; **19.** Lk 8:1; **20.** Ac 19:8.

---

4   διανοίγω, "I open."

5   Hint: Is the person speaking male or female?

6   ἀνάπαυσις, –εως, ἡ, "rest, relief."

7   This is an unusual aorist form from φέρω.

8   In English, when we want to negate a word, we can often add "ir-" or "un-" to the beginning of the word (e.g., "irreligious," "unnecessary"). Greek does the same thing with "ἀ" as in this word. It is called an "alpha privative." ἄλαλον is from ἀ and λάλος, the cognate noun to the verb λαλέω. What does ἄλαλον mean?

9   οὖς, ὠτός, τό, "ear."

10 διοδεύω, "I travel through."

11 This is a special function of κατά. It is called the "distributive" function, and it emphasizes that Jesus went to *each* city.

12 παρρησιάζομαι, "I speak boldly."

Exercise 28

Perfective (Aorist) Adverbial Participles

Parsing

	Inflected	Person / Case	Number	Tense / Gender	Voice	Mood	Lexical form	Inflected meaning
1.	μαρτυρήσαντες							
2.	μαρτυρήσασαν							
3.	ποιησάσῃ							
4.	εἰσελθόντος							
5.	πιστευθέντες							
6.	ἐρχομένων							
7.	ἀκουσάμεναι							
8.	λαμβάνουσι (2x)							
9.	ἐπίστευσας							
10.	γραφείσης							

Warm-up

α. ἐλθόντες εἰς τὴν οἰκίαν εἶδον τὸ παιδίον μετὰ Μαρίας.

β. προσελθὼν εἷς γραμματεὺς εἶπεν αὐτῷ, διδάσκαλε.

γ. εἶπεν τῷ ἀγγελῷ κράξαντι.

δ. ἀρξάμενος ἀπὸ τῆς Γαλιλαίας

ε. εἶπον τῷ ἀνδρὶ ἀποστείλαντι ὑμᾶς πρός με.

ζ. ἐλθούσῃ εἰς τὴν οἰκίαν λέγει αὐτῇ.

η. ἄγγελον τοῦ θεοῦ εἰσελθόντα πρὸς αὐτὸν καὶ εἰπόντα αὐτῷ

Translation

There are 1,586 aorist active participles in the New Testament. 1,359 are nominative (86%). If it appears the exercises are heavy on the nominative, this is why.

1. ἐλθόντι δὲ εἰς τὴν οἰκίαν προσῆλθον αὐτῷ.

2. ἀσπασάμενοι τοὺς ἀδελφοὺς ἐμείναμεν ἡμέραν μίαν παρ᾽ αὐτοῖς.

3. καὶ εὐθὺς τοῖς σάββασιν[1] εἰσελθὼν εἰς τὴν συναγωγὴν ἐδίδασκεν.

4. εὐθὺς κράξας ὁ πατὴρ τοῦ παιδίου ἔλεγεν, πιστεύω.

5. προσελθόντες δὲ οἱ δοῦλοι τοῦ οἰκοδεσπότου (owner) εἶπον αὐτῷ, κύριε, οὐχὶ καλὸν

    σπέρμα (seed) ἔσπειρας;

6. ἀκούσας δὲ ὁ Ἡρῴδης ἔλεγεν, ὅν ἐγὼ ἀπεκεφάλισα (I beheaded) Ἰωάννην, οὗτος ἠγέρθη.

---

[1]   This is an example of the "dative of time when." See discussion in exercise 12, sentence 8.

7. ὁ δὲ Σίμων καὶ αὐτὸς ἐπίστευσεν, καὶ βαπτισθεὶς ἦν προσκαρτερῶν[2] τῷ Φιλίππῳ, θεωρῶν τε σημεῖα καὶ δυνάμεις μεγάλας.

8. καὶ ἀποκριθεῖσα ἡ μήτηρ αὐτοῦ εἶπεν, οὐχί, ἀλλὰ κληθήσεται Ἰωάννης.

9. καὶ ἰδὼν[3] τὸν Ἰησοῦν ἀπὸ μακρόθεν (afar) ἔδραμεν (he/she/it ran) καὶ προσεκύνησεν αὐτῷ καὶ κράξας φωνῇ μεγάλῃ λέγει, τί ἐμοὶ καὶ σοί,[4] Ἰησοῦ υἱὲ τοῦ θεοῦ τοῦ ὑψίστου (the Highest);

10. καὶ ἀποκριθεὶς ὁ Ἰησοῦς ἔλεγεν διδάσκων ἐν τῷ ἱερῷ, πῶς λέγουσιν οἱ γραμματεῖς ὅτι ὁ Χριστὸς υἱὸς Δαυίδ ἐστιν; αὐτὸς Δαυὶδ εἶπεν ἐν τῷ πνεύματι τῷ ἁγίῳ, εἶπεν κύριος τῷ κυρίῳ μου, κάθου (sit!) ἐκ[5] δεξιῶν μου, ἕως ἂν θῶ (I place) τοὺς ἐχθρούς (enemies) σου ὑποκάτω[6] τῶν ποδῶν σου.

---

[2] ἦν προσκαρτερῶν means "he followed after" and is followed by a dative.

[3] If you are having trouble with this form, my hint is that this word frequently occurs in three different forms: as an aorist participle (as here) and as an imperative (ἰδού, ἴδε).

[4] This idiomatic use of the dative is common in this type of question. See exercise 21, sentence 6.

[5] This is an unusual use of the preposition ἐκ. Translate it as "at."

[6] A preposition meaning "under" that takes an object in the genitive.

Additional

11. ἀσπασάμενα τοὺς πατρὰς καὶ τὰς μητρὰς αὐτῶν τὰ παιδία ἐξῆλθεν σὺν τοῖς ἄλλοις τέκνοις.

12. ὁ δὲ Ἰησοῦς ἐκ τῆς οἰκίας καὶ εἰς τὸ ἱερὸν ἐλθὼν ἔκραξεν ἐν μεγάλῃ φωνῇ, πάντες οἳ εἰς ἐμὲ

    πιστεύουσιν σωθήσονται ἀπὸ τῆς ἐξουσίας τοῦ πονηροῦ.

13. ἰδόντες δὲ οἱ υἱοὶ τοῦ θεοῦ τὰς θυγατέρας[7] τῶν ἀνθρώπων ὅτι καλαί εἰσιν, ἔλαβον ἑαυτοῖς
    γυναῖκας ἀπὸ πασῶν, ὧν ἐξελέξαντο.[8]

14. καθὼς καὶ Μωϋσῆς προσηύξατο πρὸς κύριον καὶ κατέβη πῦρ ἐκ τοῦ οὐρανοῦ καὶ τὰ[9] τῆς
    θυσίας[10] ἐδαπάνησεν[11] οὕτως καὶ Σαλωμὼν προσηύξατο καὶ καταβὰν τὸ πῦρ τὰ τῆς θυσίας
    ἐδαπάνησεν.

15. καὶ λαβοῦσα τοῦ καρποῦ αὐτοῦ[12] ἔφαγεν καὶ ἔδωκεν (he/she/it gave) καὶ τῷ ἀνδρὶ αὐτῆς μετ᾽
    αὐτῆς καὶ ἔφαγον.

16. καὶ ἠγέρθη καὶ εὐθὺς ἄρας τὸν κράβαττον ἐξῆλθεν.

17. ἀκούσας δὲ ὁ βασιλεὺς Ἡρῴδης ἐταράχθη καὶ πᾶσα Ἱεροσόλυμα μετ᾽ αὐτοῦ.

18. καὶ πάλιν ἀπελθὼν προσηύξατο τὸν αὐτὸν λόγον εἰπών. καὶ πάλιν ἐλθὼν εὗρεν αὐτοὺς
    καθεύδοντας.

19. εἶπεν, λάβετε (take!), τοῦτό ἐστιν τὸ σῶμά μου. καὶ λαβὼν ποτήριον εὐχαριστήσας ἔδωκεν (he/
    she/it gave) αὐτοῖς, καὶ ἔπιον ἐξ αὐτοῦ πάντες.

20. αὐτὸς δὲ ἐκβαλὼν πάντας παραλαμβάνει τὸν πατέρα τοῦ παιδίου καὶ τὴν μητέρα καὶ τοὺς μετ᾽
    αὐτοῦ καὶ εἰσπορεύεται ὅπου ἦν τὸ παιδίον.

References

α. Mt 2:11; β. Mt 8:19; γ. —; δ. Lk 23:5; ε. —; ζ. —; η. Ac 10:3; **1**. Mt 9:28; **2**. Ac 21:7; **3**. Mk 1:21; **4**. Mk 9:24;
5. Mt 13:27; **6**. Mk 6:16; **7**. Ac 8:13; **8**. Lk 1:60; **9**. Mk 5:6–7; **10**. Mk 12:35–36; **11**. —; **12**. —; **13**. Gen 6:2;
14. (2 Mac 2:10); **15**. Gen 3:6; **16**. Mk 2:12; **17**. Mt 2:3; **18**. Mk 14:39–40; **19**. Mk 14:22–23; **20**. Mk 5:40.

---

[7] θυγάτηρ, –τρός, ἡ, "daughter."

[8] ἐκλέγομαι, "I choose, select."

[9] What word is missing here?

[10] θυσία, –ας, ἡ, "sacrifice, offering."

[11] δαπανάω, "I consume."

[12] The antecedent of αὐτοῦ is the tree of knowledge of good and evil.

Exercise 29

Adjectival Participles

Parsing

	Inflected	Person / Case	Number	Tense / Gender	Voice	Mood	Lexical form	Inflected meaning
1.	φερούσης							
2.	βαπτιζομένου							
3.	βαλόμεναι							
4.	ποίησαν							
5.	ἐνεχθέντι							
6.	σαρξίν							
7.	προσελθόντων							
8.	ἐποίησαν							
9.	κηρύσσουσι (2x)							
10.	γράψασιν							

Warm-up

α. ὁ ζῶν πατήρ

β. τῷ πατρὶ τῷ πέμψαντι ἡμᾶς

γ. δέχεται τὸν ἀποστείλαντά με.

δ. τῷ ἐκ νεκρῶν ἐγερθέντι

ε. περὶ τοῦ ῥήματος τοῦ λαληθέντος

ζ. τῇ ἐρχομένῃ ἡμέρᾳ

η. θεὸν τὸν γεννήσαντά σε

Translation

Try to differentiate between the adjectival and the adverbial participles.

1. βλέπει τὸν Ἰησοῦν ἐρχόμενον πρὸς αὐτόν καὶ λέγει, ἴδε ὁ ἀμνὸς (lamb) τοῦ θεοῦ ὁ αἴρων τὴν

    ἁμαρτίαν τοῦ κόσμου.

2. ὁ λαὸς ὁ καθήμενος ἐν σκότει φῶς εἶδεν μέγα.

3. καὶ ὁ θεωρῶν ἐμὲ θεωρεῖ τὸν πέμψαντά με.

4. ὁ πιστεύσας καὶ βαπτισθεὶς σωθήσεται.

5. περιπατῶν δὲ παρὰ τὴν θάλασσαν τῆς Γαλιλαίας εἶδεν δύο ἀδελφούς, Σίμωνα τὸν λεγόμενον

    Πέτρον καὶ Ἀνδρέαν τὸν ἀδελφὸν αὐτοῦ, βάλλοντας ἀμφίβληστρον (net) εἰς τὴν θάλασσαν.

6. καὶ ἔρχονται φέροντες πρὸς αὐτὸν παραλυτικὸν (paralytic) αἰρόμενον[1] ὑπὸ τεσσάρων (four).

---

[1] Your normal definition of this word does not quite fit here. You can look up the word in a lexicon for a further definition, or in this case it is safe to modify the meaning you do know in light of the context.

   What is different between this participle and ἐρχόμενον in sentence 1? Right. The preceding noun (παραλυτικόν) is anarthrous. So is αἰρόμενον functioning as an attributive or adverbial? In this case you must rely on the sense of the passage, and αἰρόμενον appears to be telling us something about the paralytic and not about the verb.

7. ὁ ἔχων τὰς ἐντολάς μου καὶ τηρῶν αὐτὰς ἐκεῖνός ἐστιν ὁ ἀγαπῶν με· ὁ δὲ ἀγαπῶν με

   ἀγαπηθήσεται ὑπὸ τοῦ πατρός μου, κἀγὼ ἀγαπήσω αὐτόν.

8. οἱ δὲ ἰδόντες αὐτὸν ἐπὶ τῆς θαλάσσης περιπατοῦντα ἔδοξαν² ὅτι φάντασμά (ghost) ἐστιν.

9. ὁ δεχόμενος ὑμᾶς ἐμὲ δέχεται, καὶ ὁ ἐμὲ δεχόμενος δέχεται τὸν ἀποστείλαντά με. ὁ δεχόμενος

   προφήτην εἰς ὄνομα προφήτου μισθὸν (reward) προφήτου λήμψεται, καὶ ὁ δεχόμενος δίκαιον³ εἰς

   ὄνομα δικαίου μισθὸν δικαίου λήμψεται.

10. ὅτε δὲ ἐπίστευσαν τῷ Φιλίππῳ εὐαγγελιζομένῳ περὶ τῆς βασιλείας τοῦ θεοῦ καὶ τοῦ ὀνόματος

    Ἰησοῦ Χριστοῦ, ἐβαπτίζοντο ἄνδρες τε καὶ γυναῖκες.

Additional

11. οἱ ἑπτὰ οἱ περὶ τὴν γῆν πορευθέντες πολλὰς ἡμέρας ἀπεκτάνθησαν ἐν μεγάλῳ πυρὶ ἐρχόμενοι

    ἀπὸ τῶν οὐρανῶν πρὸς τοὺς οἴκους αὐτῶν.

---

² Hints: ἔδοξαν is not from δοξάζω, and the subject of the verb is the entire phrase, οἱ δὲ ἰδόντες αὐτὸν ἐπὶ τῆς θαλάσσης περιπατοῦντα.

³ δίκαιος, –αία, –αιον, "right, just, righteous."

12. οἱ φαγόντες τε καὶ πιόντες μετὰ τοῦ κυρίου αὐτῶν ζῶντος ἐχάρησαν[4] ἰδόντες τὸν ἐγερθέντα ἐκ τῶν νεκρῶν.

13. καὶ ἐκάλεσεν Ἀδὰμ τὸ ὄνομα τῆς γυναικὸς αὐτοῦ Ζωὴ ὅτι αὕτη μήτηρ πάντων τῶν ζώντων.

14. εἶπεν αὐτῷ, εἰ σὺ εἶ ὁ ἀνὴρ ὁ λαλήσας πρὸς τὴν γυναῖκα; καὶ εἶπεν ὁ ἄγγελος, ἐγώ.

15. καὶ εἶπεν ὁ θεὸς τῷ Νῶε καὶ τοῖς υἱοῖς αὐτοῦ μετ᾽ αὐτοῦ λέγων, ἐγὼ ἰδοὺ ἀνίστημι (I am establishing) τὴν διαθήκην[5] μου ὑμῖν καὶ τῷ σπέρματι[6] ὑμῶν μεθ᾽ ὑμᾶς καὶ πάσῃ ψυχῇ τῇ ζώσῃ μεθ᾽ ὑμῶν ἀπὸ ὀρνέων[7] καὶ ἀπὸ κτηνῶν[8] … ὅσα μεθ᾽ ὑμῶν ἀπὸ πάντων τῶν ἐξελθόντων ἐκ τῆς κιβωτοῦ.[9]

16. εἰ οὖν ὑμεῖς πονηροὶ ὄντες οἴδατε δόματα[10] ἀγαθὰ διδόναι (to give) τοῖς τέκνοις ὑμῶν, πόσῳ μᾶλλον ὁ πατὴρ ὑμῶν ὁ ἐν τοῖς οὐρανοῖς δώσει (he/she/it will give) ἀγαθὰ τοῖς αἰτοῦσιν αὐτόν.

17. ὁ ἄνωθεν ἐρχόμενος ἐπάνω πάντων ἐστίν· ὁ ὢν ἐκ τῆς γῆς ἐκ τῆς γῆς ἐστιν καὶ ἐκ τῆς γῆς λαλεῖ.

18. καὶ οἱ γραμματεῖς οἱ ἀπὸ Ἱεροσολύμων καταβάντες ἔλεγον ὅτι Βεελζεβοὺλ ἔχει καὶ ὅτι ἐν τῷ ἄρχοντι τῶν δαιμονίων ἐκβάλλει τὰ δαιμόνια.

19. εἶπεν αὐτῇ ὁ Ἰησοῦς, ἐγώ εἰμι ἡ ἀνάστασις καὶ ἡ ζωή· ὁ πιστεύων εἰς ἐμὲ κἂν[11] ἀποθάνῃ (he/she/it might die) ζήσεται, καὶ πᾶς ὁ ζῶν καὶ πιστεύων εἰς ἐμὲ οὐ μὴ ἀποθάνῃ εἰς τὸν αἰῶνα· πιστεύεις τοῦτο; λέγει αὐτῷ, ναί κύριε, ἐγὼ πεπίστευκα ὅτι σὺ εἶ ὁ Χριστὸς ὁ υἱὸς τοῦ θεοῦ ὁ εἰς τὸν κόσμον ἐρχόμενος.

20. ὁ μὴ τιμῶν τὸν υἱὸν οὐ τιμᾷ τὸν πατέρα τὸν πέμψαντα αὐτόν. Ἀμὴν ἀμὴν λέγω ὑμῖν ὅτι ὁ τὸν λόγον μου ἀκούων καὶ πιστεύων τῷ πέμψαντί με ἔχει ζωὴν αἰώνιον καὶ εἰς κρίσιν οὐκ ἔρχεται, ἀλλὰ μεταβέβηκεν[12] ἐκ τοῦ θανάτου εἰς τὴν ζωήν. ἀμὴν ἀμὴν λέγω ὑμῖν ὅτι ἔρχεται ὥρα καὶ νῦν ἐστιν ὅτε οἱ νεκροὶ ἀκούσουσιν τῆς φωνῆς τοῦ υἱοῦ τοῦ θεοῦ καὶ οἱ ἀκούσαντες ζήσουσιν.

References

α. Jn 6:57; β. —; γ. Lk 9:48; δ. Rom 7:4; ε. Lk 2:17; ζ. Ac 21:26; η. Ode 2:18; **1**. Jn 1:29; **2**. Mt 4:16; **3**. Jn 12:45; **4**. Mk 16:16; **5**. Mt 4:18; **6**. Mk 2:3; **7**. Jn 14:21; **8**. Mk 6:49; **9**. Mt 10:40–41; **10**. Ac 8:12; **11**. —; **12**. —; **13**. Gen 3:20; **14**. Judg 13:11; **15**. Gen 9:8–10; **16**. Mt 7:11; **17**. Jn 3:31; **18**. Mk 3:22; **19**. Jn 11:25–27; **20**. Jn 5:23–25.

---

[4] Did you notice that ἐχάρησαν is a passive form morphologically yet is middle in meaning? You can translate it as an active.

[5] διαθήκη, –ης, ἡ, "covenant."

[6] σπέρμα, –ατος, τό, "descendant."

[7] ὄρνεον, –ου, τό, "bird."

[8] κτῆνος, –ους, τό, "domesticated animal."

[9] κιβωτός, –οῦ, ἡ, "ark."

[10] δόμα, δόματος, τό, "gift."

[11] In this context κἂν can be translated as "even though."

[12] Hint: This is the perfect of a compound verb that added ιν to its root to form the present tense stem.

Exercise 30

Combinative (Perfect) Participles and Genitive Absolutes

Parsing

	Inflected	Person / Case	Number	Tense / Gender	Voice	Mood	Lexical form	Inflected meaning
1.	γεγεννηκότος							
2.	ἠγαπημένων							
3.	λελυκυίᾳ							
4.	πεπληρωμένη							
5.	πεποιήκοσι							
6.	βεβαπτισμένου							
7.	πεπίστευκεν							
8.	βεβαπτισμένοις							
9.	βεβλημένην							
10.	ἀπεσταλμέναις							

Warm-up

α. ὁ Ἰησοῦς εἶπεν τοῖς πρεσβυτέροις λελυκόσι τὸ ἱερόν.

β. οἱ καταβεβηκότες ἀπὸ Ἱεροσολύμων

γ. πρὸς τοὺς πεπιστευκότας αὐτῷ

δ. ἐστὶν γεγραμμένον, ἔφαγεν ἄρτον ἐκ τοῦ οὐρανοῦ.

ε. ἔλεγεν … τῷ κεκληκότι αὐτόν

ζ. γενομένου σαββάτου αὐτὸς ἔρχεται εἰς τὸν συναγωγήν.

η. μὴ εἰδότες τὰς γραφὰς μηδὲ τὴν δύναμιν τοῦ θεοῦ

Translation

1. πεπιστεύκοτες δὲ ἠκολούθησαν αὐτῷ οἱ ὄχλοι.

2. ὁ ἑωρακὼς ἐμὲ ἑώρακεν τὸν πατέρα.

3. ἐγένετο[1] ἄνθρωπος, ἀπεσταλμένος παρὰ θεοῦ, ὄνομα αὐτῷ[2] Ἰωάννης.

4. τὸ γεγεννημένον ἐκ τῆς σαρκὸς σάρξ ἐστιν, καὶ τὸ γεγεννημένον ἐκ τοῦ πνεύματος πνεῦμά ἐστιν.

5. καὶ ἐξεπλήσσοντο (they were amazed) ἐπὶ τῇ διδαχῇ (teaching) αὐτοῦ, ἦν γὰρ διδάσκων αὐτοὺς ὡς ἐξουσίαν ἔχων καὶ οὐχ ὡς οἱ γραμματεῖς.

6. καὶ εὐθὺς ἔτι αὐτοῦ λαλοῦντος παραγίνεται (he/she/it comes) Ἰούδας εἷς τῶν δώδεκα καὶ μετ' αὐτοῦ ὄχλος.

---

[1] Remember, there are two basic meanings for γίνομαι, "to be" and "to come into being."

[2] This use of the dative is idiomatic and a common way of specifying someone's name. See exercise 21 (track 1), sentence 6 and exercise 28, sentence 9.

7. οὔπω (not yet) γὰρ ἦν βεβλημένος εἰς τὴν φυλακὴν (prison) ὁ Ἰωάννης.

8. καὶ ἐγένετο ... ἐκ τοῦ οὐρανοῦ ἦχος (sound) ... καὶ ἐπλήρωσεν ὅλον τὸν οἶκον οὗ ἦσαν καθήμενοι.

9. ταῦτα αὐτοῦ λαλοῦντος πολλοὶ ἐπίστευσαν εἰς αὐτόν. ἔλεγεν οὖν ὁ Ἰησοῦς πρὸς τοὺς πεπιστευκότας αὐτῷ Ἰουδαίους, ἐὰν ὑμεῖς μείνητε (you remain) ἐν τῷ λόγῳ τῷ ἐμῷ, ἀληθῶς (truly) μαθηταί μού ἐστε.

10. καὶ οἱ προάγοντες (ones going before) καὶ οἱ ἀκολουθοῦντες ἔκραζον,

ὡσαννά·

εὐλογημένος[3] ὁ ἐρχόμενος ἐν ὀνόματι κυρίου·

εὐλογημένη ἡ ἐρχομένη βασιλεία τοῦ πατρὸς ἡμῶν Δαυίδ·

ὡσαννὰ ἐν τοῖς ὑψίστοις (highest).

---

[3] This participle is used as an exclamation of blessing. The verb is assumed.

Additional

11. οἱ δὲ πρεσβύτεροι τῶν Ἰουδαίων ἑωρακότες τὸν Ἰησοῦν μετὰ τῶν μαθητῶν ἐδέξαντο ἕνα

    ἐκείνων ὃς τὴν ἐπαγγελίαν ἐποίησεν αὐτὸν παραδοῦναι (to betray).

12. οἱ πεπιστευκότες εἰς τὸν Ἰησοῦν Χριστιανοί[4] καλοῦνται ὅτι αὐτὸν ὡς τὸν Χριστόν τε καὶ τὸν

    κύριον γινώσκουσιν.

13. ἡ χάρις τοῦ κυρίου ἡμῶν Ἰησοῦ Χριστοῦ μεθ᾽ ὑμῶν καὶ μετὰ πάντων πανταχῇ[5] τῶν κεκλημένων
    ὑπὸ τοῦ θεοῦ καὶ δι᾽ αὐτοῦ.

14. καὶ μετὰ ταῦτα οὕτως ἀνέγνω (he/she/it read) Ἰησοῦς πάντα τὰ ῥήματα τοῦ νόμου τούτου …
    κατὰ πάντα τὰ γεγραμμένα ἐν τῷ νόμῳ.

15. προσευξαμένου μου ἐν τῷ οἴκῳ εἰσῆλθεν ἀνήρ καὶ ἠσπάσατό με, κἀγὼ ἠσπασάμην αὐτόν.

16. οἱ πατέρες ἡμῶν τὸ μάννα ἔφαγον ἐν τῇ ἐρήμῳ, καθώς ἐστιν γεγραμμένον, ἄρτον ἐκ τοῦ
    οὐρανοῦ ἔδωκεν (he/she/it gave) αὐτοῖς φαγεῖν (to eat).

17. ταῦτα οὐκ ἔγνωσαν αὐτοῦ οἱ μαθηταὶ τὸ πρῶτον,[6] ἀλλ᾽ ὅτε ἐδοξάσθη Ἰησοῦς τότε ἐμνήσθησαν
    (they remembered) ὅτι ταῦτα ἦν ἐπ᾽ αὐτῷ γεγραμμένα καὶ ταῦτα ἐποίησαν αὐτῷ.

18. ἐλθόντος τοῦ λόγου γνώσονται τὸν προφήτην ὃν ἀπέστειλεν αὐτοῖς κύριος ἐν πίστει.

19. καὶ ἔρχονται πάλιν εἰς Ἱεροσόλυμα. καὶ ἐν τῷ ἱερῷ περιπατοῦντος αὐτοῦ ἔρχονται πρὸς αὐτὸν οἱ
    ἀρχιερεῖς καὶ οἱ γραμματεῖς καὶ οἱ πρεσβύτεροι καὶ ἔλεγον αὐτῷ, ἐν ποίᾳ ἐξουσίᾳ ταῦτα ποιεῖς;

20. [7]καλέσω τὸν οὐ λαόν μου λαόν μου καὶ τὴν οὐκ ἠγαπημένην ἠγαπημένην.

References

α. —; β. —; γ. Jn 8:31; δ. —; ε. Lk 14:12; ζ. —; η. Mk 12:24; **1.** —; **2.** Jn 14:9; **3.** Jn 1:6; **4.** Jn 3:6; **5.** Mk 1:22;
6. Mk 14:43; **7.** Jn 3:24; **8.** Ac 2:2; **9.** Jn 8:30–31; **10.** Mk 11:9–10; **11.** —; **12.** —; **13.** 1 Clem 65:2; **14.** Josh 9:2;
15. (Shep, Vision 5.1); **16.** Jn 6:31; **17.** Jn 12:16; **18.** Jer 28:9 [LXX 35:9]; **19.** Mk 11:27–28; **20.** Rom 9:25.

---

4   You should be able to figure this one out.

5   πανταχῇ, "everywhere."

6   Although the form is adjectival, τὸ πρῶτον is functioning adverbially. This is not uncommon.

7   Hint: Diagram this sentence first to see what articles go with what nouns. τόν and τήν are acting as demonstratives.

Chapters 26–30

Grammar

1. What determines the case, number, and gender of a participle?

   a. Adjectival

   b. Adverbial

2. What are the clues that a participle is being used in the following ways?

   a. Adjectival

   b. Adverbial

   c. Substantival

3. What are the seven questions you ask of any participle you meet?

   1.

   2.

   3.

   4.

   5.

   6.

   7.

4. What is a genitive absolute?

5. How do you form the following periphrastic verbal forms?

   a. Present

   b. Future

   c. Perfect

6. Write out the nominative and genitive singular forms of the participle morpheme (with tense formative and case endings) of all three genders for the following tenses.

Tense	Masculine	Feminine	Neuter
Present active			
First aorist active			
First aorist passive			
Second aorist middle			
First perfect active			
Perfect middle/passive			

Parsing

	Inflected	Person / Case	Number	Tense / Gender	Voice	Mood	Lexical form	Inflected meaning
1.	θέλοντος							
2.	γραφεῖσι							
3.	λελαληκότες							
4.	πιστευομένας							
5.	ὄν							
6.	βαλόντα							
7.	δεχθέντα							
8.	βεβληκότα							
9.	λυθείσῃ							
10.	βλέψασα							

Translation: Mark 1:1–22

1:1 ἀρχὴ τοῦ εὐαγγελίου Ἰησοῦ Χριστοῦ υἱοῦ θεοῦ. 1:2 καθὼς γέγραπται ἐν τῷ Ἠσαΐᾳ τῷ

προφήτῃ, ἰδοὺ ἀποστέλλω τὸν ἄγγελόν μου πρὸ προσώπου σου, ὃς κατασκευάσει τὴν ὁδόν σου·

1:3 φωνὴ βοῶντος ἐν τῇ ἐρήμῳ, ἑτοιμάσατε (prepare!) τὴν ὁδὸν κυρίου, εὐθείας[1] ποιεῖτε (make!) τὰς

τρίβους[2] αὐτοῦ, 1:4 ἐγένετο Ἰωάννης ὁ βαπτίζων ἐν τῇ ἐρήμῳ καὶ κηρύσσων βάπτισμα μετανοίας

εἰς ἄφεσιν ἁμαρτιῶν. 1:5 καὶ ἐξεπορεύετο πρὸς αὐτὸν πᾶσα ἡ Ἰουδαία χώρα καὶ οἱ Ἱεροσολυμῖται

πάντες, καὶ ἐβαπτίζοντο ὑπ᾽ αὐτοῦ ἐν τῷ Ἰορδάνῃ ποταμῷ ἐξομολογούμενοι τὰς ἁμαρτίας αὐτῶν.

1:6 καὶ ἦν ὁ Ἰωάννης ἐνδεδυμένος τρίχας[3] καμήλου[4] καὶ ζώνην[5] δερματίνην[6] περὶ τὴν ὀσφὺν[7]

αὐτοῦ, καὶ ἐσθίων ἀκρίδας[8] καὶ μέλι[9] ἄγριον.[10] 1:7 καὶ ἐκήρυσσεν λέγων, ἔρχεται ὁ ἰσχυρότερός

(greater than) μου ὀπίσω μου, οὗ οὐκ εἰμὶ ἱκανὸς κύψας[11] λῦσαι (to loosen) τὸν ἱμάντα[12] τῶν

ὑποδημάτων αὐτοῦ· 1:8 ἐγὼ ἐβάπτισα ὑμᾶς ὕδατι, αὐτὸς δὲ βαπτίσει ὑμᾶς ἐν πνεύματι ἁγίῳ.

1:9 καὶ ἐγένετο ἐν ἐκείναις ταῖς ἡμέραις ἦλθεν Ἰησοῦς ἀπὸ Ναζαρὲτ τῆς Γαλιλαίας

καὶ ἐβαπτίσθη εἰς τὸν Ἰορδάνην ὑπὸ Ἰωάννου. 1:10 καὶ εὐθὺς ἀναβαίνων ἐκ τοῦ ὕδατος εἶδεν

---

[1] εὐθύς, εὐθεῖα, εὐθύ, genitive, –έως, "straight."

[2] τρίβος, –ου, ἡ, "path."

[3] θρίξ, τριχός, ἡ, "hair."

[4] κάμηλος, –ου, ὁ and ἡ, "camel."

[5] ζώνη, –ης, ἡ, "belt."

[6] δερμάτινος, –η, –ον, "(made of) leather."

[7] ὀσφῦς, –ύος, ἡ, "waist."

[8] ἀκρίς, –ίδος, ἡ, "locust."

[9] μέλι, –ιτος, τό, "honey."

[10] ἄγριος, –ία, –ον, "wild."

[11] κύπτω, "I bow, stoop."

[12] ἱμάς, –άντος, ὁ, "strap, thong."

σχιζομένους τοὺς οὐρανοὺς καὶ τὸ πνεῦμα ὡς περιστερὰν καταβαῖνον εἰς αὐτόν· 1:11 καὶ φωνὴ

ἐγένετο ἐκ τῶν οὐρανῶν, σὺ εἶ ὁ υἱός μου ὁ ἀγαπητός, ἐν σοὶ εὐδόκησα.

1:12 καὶ εὐθὺς τὸ πνεῦμα αὐτὸν ἐκβάλλει εἰς τὴν ἔρημον. 1:13 καὶ ἦν ἐν τῇ ἐρήμῳ

τεσσεράκοντα ἡμέρας πειραζόμενος ὑπὸ τοῦ σατανᾶ, καὶ ἦν μετὰ τῶν θηρίων, καὶ οἱ ἄγγελοι

διηκόνουν αὐτῷ.

1:14 μετὰ δὲ τὸ παραδοθῆναι τὸν Ἰωάννην[13] ἦλθεν ὁ Ἰησοῦς εἰς τὴν Γαλιλαίαν κηρύσσων

τὸ εὐαγγέλιον τοῦ θεοῦ 1:15 καὶ λέγων ὅτι πεπλήρωται ὁ καιρὸς καὶ ἤγγικεν ἡ βασιλεία τοῦ θεοῦ·

μετανοεῖτε (repent!) καὶ πιστεύετε (believe!) ἐν τῷ εὐαγγελίῳ.

1:16 καὶ παράγων παρὰ τὴν θάλασσαν τῆς Γαλιλαίας εἶδεν Σίμωνα καὶ Ἀνδρέαν τὸν ἀδελφὸν

Σίμωνος ἀμφιβάλλοντας[14] ἐν τῇ θαλάσσῃ· ἦσαν γὰρ ἁλιεῖς.[15] 1:17 καὶ εἶπεν αὐτοῖς ὁ Ἰησοῦς, δεῦτε

(follow!) ὀπίσω μου, καὶ ποιήσω ὑμᾶς γενέσθαι (to be) ἁλιεῖς ἀνθρώπων. 1:18 καὶ εὐθὺς ἀφέντες (after

leaving) τὰ δίκτυα ἠκολούθησαν αὐτῷ. 1:19 καὶ προβὰς[16] ὀλίγον εἶδεν Ἰάκωβον τὸν τοῦ Ζεβεδαίου

καὶ Ἰωάννην τὸν ἀδελφὸν αὐτοῦ, καὶ αὐτοὺς ἐν τῷ πλοίῳ καταρτίζοντας τὰ δίκτυα, 1:20 καὶ εὐθὺς

ἐκάλεσεν αὐτούς. καὶ ἀφέντες τὸν πατέρα αὐτῶν Ζεβεδαῖον ἐν τῷ πλοίῳ μετὰ τῶν μισθωτῶν[17]

ἀπῆλθον ὀπίσω αὐτοῦ.

1:21 καὶ εἰσπορεύονται εἰς Καφαρναούμ· καὶ εὐθὺς τοῖς σάββασιν εἰσελθὼν εἰς τὴν

συναγωγὴν ἐδίδασκεν. 1:22 καὶ ἐξεπλήσσοντο ἐπὶ τῇ διδαχῇ αὐτοῦ· ἦν γὰρ διδάσκων αὐτοὺς ὡς

ἐξουσίαν ἔχων καὶ οὐχ ὡς οἱ γραμματεῖς.

---

[13] μετὰ τὸ παραδοθῆναι τὸν Ἰωάννην means "After John had been betrayed."

[14] ἀμφιβάλλω, "I cast."

[15] ἁλιεύς, –έως, ὁ, "fisherman."

[16] προβαίνω, "I go on, advance."

[17] μισθωτός, –οῦ, ὁ, "hired man."

Exercise 31

Subjunctive

Parsing

	Inflected	Person / Case	Number	Tense / Gender	Voice	Mood	Lexical form	Inflected meaning
1.	περιπατήσητε							
2.	βαπτίζωμεν							
3.	διδαχθῶσι							
4.	ἔλθωμεν							
5.	ἀκούῃ (3x)							
6.	κρινῶ							
7.	σώσῃς							
8.	προσέλθωμεν							
9.	ἐγείρωσι							
10.	ποιηθῇ							

Warm-up

α. ἵνα ἀγαπῶμεν ἀλλήλους

β. ὅταν ἔλθῃ ἐν τῇ δόξῃ τοῦ πατρὸς αὐτοῦ

γ. ταῦτα λέγω ἵνα ὑμεῖς σωθῆτε.

δ. θέλομεν ἵνα ὃ ἐὰν αἰτήσωμέν σε ποιήσῃς ἡμῖν.

ε. ἵνα ἀποστέλλῃ αὐτούς

ζ. ἦραν[1] οὖν λίθους ἵνα βάλωσιν ἐπ᾽ αὐτόν.

η. τί αἰτήσωμαι;

---

[1] Hint: this verb adds an ι to the root in forming the present tense stem.

Translation

1. καὶ ἐν τούτῳ γινώσκομεν ὅτι ἐγνώκαμεν αὐτόν, ἐὰν τὰς ἐντολὰς αὐτοῦ τηρῶμεν.

2. ἀμὴν λέγω ὑμῖν, ὃς ἂν μὴ δέξηται τὴν βασιλείαν τοῦ θεοῦ ὡς παιδίον, οὐ μὴ εἰσέλθῃ[2] εἰς αὐτήν.

3. ἠρώτα αὐτὸν ἵνα τὸ δαιμόνιον ἐκβάλῃ ἐκ τῆς θυγατρὸς (daughter) αὐτῆς.

4. αὕτη δέ ἐστιν ἡ αἰώνιος ζωὴ ἵνα[3] γινώσκωσιν σὲ τὸν μόνον ἀληθινὸν (true) θεὸν καὶ ὃν ἀπέστειλας Ἰησοῦν Χριστόν.

5. καὶ πάντα ὅσα ἂν αἰτήσητε ἐν τῇ προσευχῇ πιστεύοντες[4] λήμψεσθε.

6. μετὰ τοῦτο λέγει τοῖς μαθηταῖς, ἄγωμεν[5] εἰς τὴν Ἰουδαίαν πάλιν.

---

[2] How does the strength of this emphatic negative help you understand what Jesus is saying?

[3] Here is another good example of ἵνα meaning "that," not "in order that." Some call this the "epexegetical" use of ἵνα, in which the ἵνα clause is describing or exegeting the previous statement (cf. Wallace, 476).

[4] Another use of the participle is to indicate a condition; hence, it is called a "conditional participle." The participle describes a condition applied to the verb the participle is modifying. You can use the key words "if" in your translation.

[5] Our usual definition of ἄγω obviously does not work here. "Go" is acceptable.

7. οὕτως γὰρ ἠγάπησεν ὁ θεὸς τὸν κόσμον, ὥστε τὸν υἱὸν τὸν μονογενῆ (only) ἔδωκεν (he/she/it

   gave), ἵνα πᾶς ὁ πιστεύων εἰς αὐτὸν μὴ ἀπόληται (he/she/it might perish) ἀλλ᾽ ἔχῃ ζωὴν αἰώνιον.

   οὐ γὰρ ἀπέστειλεν ὁ θεὸς τὸν υἱὸν εἰς τὸν κόσμον ἵνα κρίνῃ τὸν κόσμον, ἀλλ᾽ ἵνα σωθῇ ὁ

   κόσμος δι᾽ αὐτοῦ.

8. καὶ ἐζήτουν οἱ ἀρχιερεῖς καὶ οἱ γραμματεῖς πῶς αὐτὸν … ἀποκτείνωσιν.

9. οἱ πατέρες ὑμῶν ἔφαγον ἐν τῇ ἐρήμῳ (desert) τὸ μάννα καὶ ἀπέθανον· οὗτός ἐστιν ὁ ἄρτος ὁ

   ἐκ τοῦ οὐρανοῦ καταβαίνων, ἵνα τις ἐξ αὐτοῦ φάγῃ καὶ μὴ ἀποθάνῃ. ἐγώ εἰμι ὁ ἄρτος ὁ ζῶν ὁ

   ἐκ τοῦ οὐρανοῦ καταβάς· ἐάν τις φάγῃ ἐκ τούτου τοῦ ἄρτου ζήσει εἰς τὸν αἰῶνα,[6] καὶ ὁ ἄρτος

   δὲ[7] ὃν ἐγὼ δώσω (I will give) ἡ σάρξ μού ἐστιν ὑπὲρ τῆς τοῦ κόσμου ζωῆς. Ἐμάχοντο (they were

   quarreling) οὖν πρὸς ἀλλήλους οἱ Ἰουδαῖοι λέγοντες, πῶς δύναται οὗτος ἡμῖν δοῦναι (to give) τὴν

   σάρκα αὐτοῦ φαγεῖν (to eat); εἶπεν οὖν αὐτοῖς ὁ Ἰησοῦς, ἀμὴν ἀμὴν λέγω ὑμῖν, ἐὰν μὴ φάγητε

   τὴν σάρκα τοῦ υἱοῦ τοῦ ἀνθρώπου καὶ πίητε αὐτοῦ τὸ αἷμα, οὐκ ἔχετε ζωὴν ἐν ἑαυτοῖς.

---

[6] εἰς τὸν αἰῶνα is an idiom that means "forever."

[7] Hint: the fact that there is both a καί and δέ is your clue that καί is not the simple "and," since that is what δέ is doing.

10. εἰ νεκροὶ οὐκ ἐγείρονται, φάγωμεν καὶ πίωμεν, αὔριον (tomorrow) γὰρ ἀποθνῄσκομεν.[8]

Additional

11. ποιῶμεν πολὺ ἔργον ἐν τῇ γλώσσῃ ταύτῃ ἵνα γενώμεθα οἱ κηρύσσοντες τὸν λόγον τοῦ θεοῦ ἐν
    πάσῃ ἀληθείᾳ.

12. ὅταν βλέψω τὰ παιδία μου ἀγαπῶντα ἀλλήλους, ἡ ἐμὴ καρδία χαίρει καὶ ἡ ἐμὴ ψυχὴ
    προσεύχεται τῷ θεῷ.

13. ἐὰν δὲ μὴ πιστεύσωσίν σοι μηδὲ ἀκούσωσιν τῆς φωνῆς τοῦ σημείου τοῦ πρώτου, πιστεύσουσίν
    σοι τῆς φωνῆς τοῦ σημείου τοῦ ἐσχάτου.

14. καὶ λατρεύσετε[9] ἐκεῖ θεοῖς ἑτέροις, ἔργοις χειρῶν ἀνθρώπων ξύλοις[10] καὶ λίθοις, οἳ οὐκ
    ὄψονται[11] οὐδὲ μὴ ἀκούσωσιν οὔτε μὴ φάγωσιν.

15. τὸν κύριον Ἰησοῦν Χριστόν, οὗ τὸ αἷμα ὑπὲρ ἡμῶν ἐδόθη (it was given), φοβώμεθα.

16. ὃς ἂν ἓν τῶν τοιούτων παιδίων δέξηται ἐπὶ τῷ ὀνόματί μου, ἐμὲ δέχεται· καὶ ὃς ἂν ἐμὲ δέχηται,
    οὐκ ἐμὲ δέχεται ἀλλὰ τὸν ἀποστείλαντά με.

17. ἀμὴν δὲ λέγω ὑμῖν, ὅπου ἐὰν κηρυχθῇ τὸ εὐαγγέλιον εἰς ὅλον τὸν κόσμον, καὶ ὃ ἐποίησεν αὕτη
    λαληθήσεται εἰς μνημόσυνον[12] αὐτῆς.

18. ἐὰν δὲ ἐν τῷ φωτὶ περιπατῶμεν ὡς αὐτός ἐστιν ἐν τῷ φωτί, κοινωνίαν ἔχομεν μετ᾽ ἀλλήλων καὶ
    τὸ αἷμα Ἰησοῦ τοῦ υἱοῦ αὐτοῦ καθαρίζει ἡμᾶς ἀπὸ πάσης ἁμαρτίας. ἐὰν εἴπωμεν ὅτι ἁμαρτίαν
    οὐκ ἔχομεν, ἑαυτοὺς πλανῶμεν καὶ ἡ ἀλήθεια οὐκ ἔστιν ἐν ἡμῖν.

---

[8] Notice how Paul uses the present tense to describe an event that will occur in the future. There are several possible
     explanations for this. The present can be used for a future action to emphasize the vividness or certainty of the action.
     The present is also used to make a gnomic statement, an axiom, "a general principle (denoting an occurrence which
     may take place at any time), but with the context focusing on a particular outworking of this principle at a point in the
     future" (Fanning, 224).

[9] λατρεύω, "I serve, worship."

[10] ξύλον, –ου, τό, "wood."

[11] The switch from the indicative ὄψονται to the following two subjunctives makes the negations more emphatic.

[12] μνημόσυνον, –ου, τό, "memory."

19. [13] ἀμὴν λέγω ὑμῖν ὅτι οὐκέτι οὐ μὴ πίω ἐκ τοῦ γενήματος[14] τῆς ἀμπέλου[15] ἕως τῆς ἡμέρας ἐκείνης ὅταν αὐτὸ πίνω καινὸν ἐν τῇ βασιλείᾳ τοῦ θεοῦ.

20. ἀπεκρίθη Ἰησοῦς, ἐὰν ἐγὼ δοξάσω ἐμαυτόν, ἡ δόξα μου οὐδέν ἐστιν· ἔστιν ὁ πατήρ μου ὁ δοξάζων με, ὃν ὑμεῖς λέγετε ὅτι θεὸς ἡμῶν ἐστιν, καὶ οὐκ ἐγνώκατε αὐτόν, ἐγὼ δὲ οἶδα αὐτόν. κἂν εἴπω[16] ὅτι οὐκ οἶδα αὐτόν, ἔσομαι ὅμοιος ὑμῖν ψεύστης· ἀλλὰ οἶδα αὐτὸν καὶ τὸν λόγον αὐτοῦ τηρῶ.

Summary

1. The "epexegetical" use of ἵνα is when the ἵνα clause is describing or exegeting the previous statement. The ἵνα is generally translated "that."

2. Participles can apply a condition to a verb ("conditional participle"). You can use the key word "if" in the translation.

3. εἰς τὸν αἰῶνα is an idiom that means "forever."

4. The present tense can be used to describe a future event, either to emphasize the vividness or the certainty of the action, or to state a principle that is always true but whose fulfillment lies in the future ("axiomatic").

References

α. 1 Jn 3:11; β. Mk 8:38; γ. Jn 5:34; δ. Mk 10:35; ε. Mk 3:14; ζ. Jn 8:59; η. Mk 6:24; **1.** 1 Jn 2:3; **2.** Mk 10:15; **3.** Mk 7:26; **4.** Jn 17:3; **5.** Mt 21:22; **6.** Jn 11:7; **7.** Jn 3:16–17; **8.** Mk 14:1; **9.** Jn 6:49–53; **10.** 1 Cor 15:32; **11.** —; **12.** —; **13.** (Ex 4:8); **14.** Deut 4:28; **15.** (1 Clem 21:6); **16.** Mk 9:37; **17.** Mk 14:9; **18.** 1 Jn 1:7–8; **19.** Mk 14:25; **20.** Jn 8:54–55.

---

[13] How does the double negative and the present tense of πίνω help you understand the full force of what Jesus is saying?

[14] γένημα, –ματος, τό, "fruit, product."

[15] ἄμπελος, –ου, ἡ, "vine, grapevine."

[16] Did you notice that εἴπω has not lost its augment? You already saw this in the participial forms, and it is true in the other nonindicative forms.

Exercise 32

Infinitive

Parsing

	Inflected	Person / Case	Number	Tense / Gender	Voice	Mood	Lexical form	Inflected meaning
1.	λέγειν							
2.	φαγεῖν							
3.	πεπληρωκέναι							
4.	λαλήσασθαι							
5.	σῶσαι							
6.	δοξάζεσθαι							
7.	τεθεωρῆσθαι							
8.	ἀγαπᾶν							
9.	γραφῆναι							
10.	πληρῶσαι							

Warm-up

α. ἀπέστειλεν αὐτοὺς κηρύσσειν τὴν βασιλείαν τοῦ θεοῦ.

β. εἰς τὴν βασιλείαν τοῦ θεοῦ εἰσελθεῖν

γ. τίς δύναται σωθῆναι;

δ. δεῖ κηρυχθῆναι τὸ εὐαγγέλιον.

ε. εἰς τὸ ἀποκτεῖναι αὐτόν

ζ. καὶ ἐν τῷ σπείρειν αὐτόν

η. μετὰ τὸ ἀποθανεῖν τὸν πατέρα αὐτοῦ

Translation

1. καὶ πάλιν ἤρξατο διδάσκειν παρὰ τὴν θάλασσαν.

2. ὃς γὰρ ἐὰν θέλῃ τὴν ψυχὴν αὐτοῦ σῶσαι ἀπολέσει (he/she/it will lose) αὐτήν.

3. καὶ λέγει αὐτοῖς, ἔξεστιν (it is lawful) τοῖς σάββασιν ἀγαθὸν ποιῆσαι ἢ κακοποιῆσαι,[1] ψυχὴν σῶσαι ἢ ἀποκτεῖναι;

4. ἦλθεν γὰρ ὁ υἱὸς τοῦ ἀνθρώπου ζητῆσαι καὶ σῶσαι τὸ ἀπολωλός (lost).

5. καὶ ἐποίησεν[2] δώδεκα … ἵνα ὦσιν μετ' αὐτοῦ καὶ ἵνα ἀποστέλλῃ αὐτοὺς κηρύσσειν καὶ ἔχειν ἐξουσίαν ἐκβάλλειν τὰ δαιμόνια.

6. ἀμὴν γὰρ λέγω ὑμῖν ὅτι πολλοὶ προφῆται καὶ δίκαιοι ἐπεθύμησαν (they desired) ἰδεῖν ἃ βλέπετε καὶ οὐκ εἶδαν, καὶ ἀκοῦσαι ἃ ἀκούετε καὶ οὐκ ἤκουσαν.

---

[1] This compound verb happens to carry the meaning you would expect from its two parts. What do you think it means?

[2] In this context ποιέω must mean "appoint." The verb ποιέω is flexible in its meaning.

7. ³ αὐτὸς δὲ Ἰησοῦς οὐκ ἐπίστευεν⁴ αὐτὸν αὐτοῖς διὰ τὸ αὐτὸν γινώσκειν πάντας.

8. [ἵνα …] εὑρεθῶ ἐν αὐτῷ, μὴ ἔχων ἐμὴν δικαιοσύνην τὴν ἐκ νόμου ἀλλὰ τὴν διὰ πίστεως Χριστοῦ, τὴν ἐκ θεοῦ δικαιοσύνην ἐπὶ τῇ πίστει, τοῦ γνῶναι⁵ αὐτὸν καὶ τὴν δύναμιν τῆς ἀναστάσεως (resurrection) αὐτοῦ.

9. ἀλλὰ μετὰ τὸ ἐγερθῆναί με προάξω (I will go before) ὑμᾶς εἰς τὴν Γαλιλαίαν.

10. Ἀβραάμ … ἐπίστευσεν εἰς τὸ γενέσθαι αὐτὸν πατέρα πολλῶν ἐθνῶν.

Additional

11. αὕτη ἡ γυνὴ λίθον καλὸν ἔχειν θέλει ἐπὶ τῇ χειρὶ αὐτῆς δεξαμένη αὐτὸν ἀπὸ τοῦ ἠγαπηκότος αὐτήν.

---

³ Hint: Watch for the different meanings of αὐτός.
⁴ In this context, πιστεύω carries the meaning "entrust."
⁵ Hint: Look for the verbal root.

12. πορευθῶμεν γὰρ πρὸς τὴν θαλάσσην εἰς τὸ εὑρίσκειν ὧδε τινὰς ἡμέρας ἀγαθὰς ἐν τῷ

    ἡλίῳ.[6]

13. καὶ κατέβη κύριος ἰδεῖν τὴν πόλιν καὶ τὸν πύργον[7] ὃν ᾠκοδόμησαν[8] οἱ υἱοὶ τῶν ἀνθρώπων.

14. εἶπεν δὲ Ἀβραὰμ περὶ Σάρρας τῆς γυναικὸς αὐτοῦ ὅτι ἀδελφή μού ἐστιν, ἐφοβήθη γὰρ εἰπεῖν ὅτι
    γυνή μού ἐστιν μήποτε[9] ἀποκτείνωσιν αὐτὸν οἱ ἄνδρες τῆς πόλεως δι᾽ αὐτήν.

15. καὶ εἶπεν κύριος ὁ θεός, οὐ μὴ καταμείνῃ[10] τὸ πνεῦμά μου ἐν τοῖς ἀνθρώποις τούτοις εἰς τὸν
    αἰῶνα διὰ τὸ εἶναι αὐτοὺς σάρκας, ἔσονται δὲ αἱ ἡμέραι αὐτῶν ἑκατὸν εἴκοσι ἔτη.[11]

16. [12] ἀπεκρίθη αὐτοῖς, εἶπον ὑμῖν ἤδη καὶ οὐκ ἠκούσατε· τί πάλιν θέλετε ἀκούειν; μὴ καὶ ὑμεῖς
    θέλετε αὐτοῦ μαθηταὶ γενέσθαι;

17. οἱ δὲ ἀρχιερεῖς καὶ ὅλον τὸ συνέδριον ἐζήτουν κατὰ τοῦ Ἰησοῦ μαρτυρίαν εἰς τὸ θανατῶσαι[13]
    αὐτόν, καὶ οὐχ ηὕρισκον.

18. καὶ εἶπεν αὐτοῖς ὁ Ἰησοῦς, δεῦτε (follow!) ὀπίσω μου, καὶ ποιήσω ὑμᾶς γενέσθαι ἁλιεῖς[14]
    ἀνθρώπων.

19. ἔλεος θέλω καὶ οὐ θυσίαν· οὐ γὰρ ἦλθον καλέσαι δικαίους ἀλλὰ ἁμαρτωλούς.

20. ἀνέβη δὲ καὶ Ἰωσὴφ ἀπὸ τῆς Γαλιλαίας ἐκ πόλεως Ναζαρὲθ εἰς τὴν Ἰουδαίαν εἰς πόλιν Δαυὶδ
    ἥτις καλεῖται Βηθλέεμ, διὰ τὸ εἶναι αὐτὸν ἐξ οἴκου καὶ πατριᾶς[15] Δαυίδ.

References

α. Lk 9:2; β. Mk 10:24; γ. Mk 10:26; δ. Mk 13:10; ε. (Mk 14:55); ζ. Mt 13:4; η. Acts 7:4; **1**. Mk 4:1; **2**. Mk 8:35;
3. Mk 3:4; **4**. Lk 19:10; **5**. Mk 3:14–15; **6**. Mt 13:17; **7**. Jn 2:24; **8**. Phil 3:9–10; **9**. Mk 14:28; **10**. Rom 4:16, 18; **11**. —;
12. —; **13**. Gen 11:5; **14**. Gen 20:2; **15**. Gen 6:3; **16**. Jn 9:27; **17**. Mk 14:55; **18**. Mk 1:17; **19**. Mt 9:13; **20**. Lk 2:4.

---

[6] ἥλιος, –ου, ὁ, "sun."

[7] πύργος, –ου, ὁ, "tower."

[8] οἰκοδομέω, "I build."

[9] μήποτε, "lest."

[10] καταμένω, "I stay, live."

[11] ἑκατὸν εἴκοσι ἔτη, "120 years."

[12] Did the blind man believe that they wanted to become Jesus's disciples?

[13] θανατόω, "I put to death."

[14] ἁλιεύς, –έως, ὁ, "fisherman."

[15] πατριά, –ᾶς, ἡ, "family, lineage."

Exercise 33

Imperative

Parsing

	Inflected	Person / Case	Number	Tense / Gender	Voice	Mood	Lexical form	Inflected meaning
1.	ἄκουε							
2.	γράφεσθε (2x)							
3.	θέλησον							
4.	βλεπέτωσαν							
5.	εἴπετε (2x)							
6.	αἰτῆσαι (2x)							
7.	πιστεύεις							
8.	ἐκβλήθητι							
9.	λαλοῦ							
10.	γνωσθήτωσαν							

Warm-up

α. φέρετε αὐτὸν πρός με.

β. ἀκολούθει μοι.

γ. μὴ φοβεῖσθε.

δ. αἴτησόν με ὃ ἐὰν θέλῃς.

ε. ὕπαγε, ἡ πίστις σου σέσωκέν σε.

ζ. ἐγείρεσθε, ἄγωμεν.

η. ὑπάγετε εἴπατε τοῖς μαθηταῖς αὐτοῦ

Translation

1. ἄκουε, Ἰσραήλ, κύριος ὁ θεὸς ἡμῶν κύριος εἷς ἐστιν.

2. καὶ ἔλεγεν αὐτοῖς, ὅπου ἐὰν εἰσέλθητε εἰς οἰκίαν, ἐκεῖ μένετε ἕως ἂν ἐξέλθητε.

3. μὴ φοβοῦ, μόνον πίστευε.

4. εἴτε οὖν ἐσθίετε εἴτε πίνετε εἴτε τι ποιεῖτε, πάντα εἰς δόξαν θεοῦ ποιεῖτε.

5. ἔξελθε ἐξ αὐτοῦ καὶ μηκέτι (no longer) εἰσέλθῃς εἰς αὐτόν.

6. μὴ ἀγαπᾶτε τὸν κόσμον μηδὲ τὰ ἐν τῷ κόσμῳ. ἐάν τις ἀγαπᾷ τὸν κόσμον, οὐκ ἔστιν ἡ ἀγάπη τοῦ

    πατρὸς[1] ἐν αὐτῷ.

---

[1] Is this a subjective or objective genitive?

If a word is a "subjective" genitive, it is the subject of the action implied by the word it is modifying and therefore *produces* the action. "The love of the Father" would mean "the love the Father produces," or, his love for me.

If a word is an "objective" genitive, it is the object of the action implied by the word it is modifying and therefore *receives* the action. "The love of the Father" would mean "the love the Father receives," or, my love for him.

7. τί γάρ ἐστιν εὐκοπώτερον (easier) εἰπεῖν, ἀφίενταί (they are forgiven) σου αἱ ἁμαρτίαι, ἢ εἰπεῖν,

   ἔγειρε καὶ περιπάτει; ἵνα δὲ εἰδῆτε ὅτι ἐξουσίαν ἔχει ὁ υἱὸς τοῦ ἀνθρώπου ἐπὶ τῆς γῆς ἀφιέναι (to

   forgive) ἁμαρτίας — τότε λέγει τῷ παραλυτικῷ (paralytic), ἐγερθεὶς ἆρόν σου τὴν κλίνην (bed) καὶ

   ὕπαγε εἰς τὸν οἶκόν σου.

8. [2] καὶ ἀποκριθεὶς ὁ Ἰησοῦς λέγει αὐτοῖς, ἔχετε πίστιν θεοῦ.[3] ἀμὴν λέγω ὑμῖν ὅτι ὃς ἂν εἴπῃ τῷ ὄρει

   (mountain) τούτῳ, ἄρθητι καὶ βλήθητι εἰς τὴν θάλασσαν, καὶ μὴ διακριθῇ (he/she/it wavers) ἐν

   τῇ καρδίᾳ αὐτοῦ ἀλλὰ πιστεύῃ ὅτι ὃ λαλεῖ γίνεται,[4] ἔσται αὐτῷ. διὰ τοῦτο λέγω ὑμῖν, πάντα ὅσα

   προσεύχεσθε καὶ αἰτεῖσθε, πιστεύετε ὅτι ἐλάβετε, καὶ ἔσται ὑμῖν.

9. λέγει αὐτῷ ὁ Ἰησοῦς, ἐὰν αὐτὸν θέλω μένειν ἕως ἔρχομαι, τί πρὸς σέ; σύ μοι ἀκολούθει.

10. καὶ γὰρ ἐγὼ ἄνθρωπός εἰμι ὑπὸ ἐξουσίαν … καὶ λέγω τούτῳ, πορεύθητι, καὶ πορεύεται, καὶ

    ἄλλῳ, ἔρχου, καὶ ἔρχεται, καὶ τῷ δούλῳ μου, ποίησον τοῦτο, καὶ ποιεῖ.

---

[2] Note carefully the shifting of tenses.

[3] What kind of genitive is this? What is the precise relationship between πίστιν and θεοῦ?

[4] Why is Mark using the present tense to indicate a future action?

Additional

11. οἱ περιπατοῦντες ἐν τῇ ὁδῷ τῆς δικαιοσύνης ἀπὸ τῶν κακῶν ἀπελθέτωσαν καὶ γινέσθωσαν
    δοῦλοι τοῦ θεοῦ ἐν φόβῳ καὶ ἐλπίδι.

12. ὁ δὲ Παῦλος τοὺς ἐν ταῖς ἐκκλησίαις ἐδίδασκεν, πιστεύσατε εἰς τὸν Ἰησοῦν Χρίστον καὶ ζᾶτε
    κατὰ τὸ θέλημα τοῦ κυρίου ἡμῶν.

13. καὶ εἶπεν ὁ θεός, γενηθήτω φῶς, καὶ ἐγένετο φῶς.

14. εἰπάτωσαν δὴ πάντες οἱ φοβούμενοι τὸν κύριον ὅτι ἀγαθός, ὅτι εἰς τὸν αἰῶνα ἡ ἀγάπη αὐτοῦ.

15. σὺ οὖν πίστευε τῷ δικαίῳ, τὸ γὰρ δίκαιον ὀρθὴν[5] ὁδὸν ἔχει. καὶ σὺ τῇ ὀρθῇ ὁδῷ πορεύου.

16. [6] χαίρετε ἐν κυρίῳ πάντοτε· πάλιν ἐρῶ, χαίρετε.

17. ὃς ἔχει ὦτα[7] ἀκούειν ἀκουέτω.

18. πορεύου, καὶ ἀπὸ τοῦ νῦν μηκέτι ἁμάρτανε.

19. ὡς οὖν παρελάβετε τὸν Χριστὸν Ἰησοῦν τὸν κύριον, ἐν αὐτῷ[8] περιπατεῖτε.

20. μὴ ταρασσέσθω[9] ὑμῶν ἡ καρδία· πιστεύετε εἰς τὸν θεόν καὶ εἰς ἐμὲ πιστεύετε.

Summary

1. A subjective genitive produces the action of the noun; an objective genitive receives the action of the noun. The word the genitive noun is modifying is the "head noun."

References

α. Mk 9:19; β. Mk 2:14; γ. Mk 6:50; δ. Mk 6:22; ε. Mk 10:52; ζ. Mk 14:42; η. Mk 16:7; **1**. Mk 12:29; **2**. Mk 6:10; **3**. Mk 5:36; **4**. 1 Cor 10:31; **5**. Mk 9:25; **6**. 1 Jn 2:15; **7**. Mt 9:5–6; **8**. Mk 11:22–24; **9**. Jn 21:22; **10**. Mt 8:9; **11**. —; **12**. —; **13**. Gen 1:3; **14**. (Ps 118:4 [LXX 117:4]); **15**. (Shep, Mandates 6.1.2); **16**. Phil 4:4; **17**. Mk 4:9; **18**. Jn 8:11; **19**. Col 2:6; **20**. Jn 14:1.

---

[5] ὀρθός, –ή, –όν, "straight, upright."

[6] What a great verse for Greek class!

[7] οὖς, ὠτός, τό, "ear."

[8] Is this masculine or neuter? What is the difference in meaning?

[9] ταράσσω, "I trouble."

Exercise 34

Indicative of δίδωμι

Parsing

	Inflected	Person / Case	Number	Tense / Gender	Voice	Mood	Lexical form	Inflected meaning
1.	δίδωσι							
2.	ἔδωκαν							
3.	δώσετε							
4.	δέδωκεν							
5.	ἐδόθη							
6.	ἐδίδους							
7.	διδόασι							
8.	δέδοται							
9.	δώσω							
10.	δέδωκαν							

Grammar

What are the five rules for μι verbs?

1.

2.

3.

4.

5.

Warm-up

α.   ὁ δὲ θεὸς δίδωσιν αὐτῷ σῶμα.

β.   διὰ τοῦ πνεύματος δίδοται λόγος σοφίας.

γ.   δώσομεν αὐτοῖς φαγεῖν;

δ.   καὶ ἔδωκα αὐτῇ χρόνον.

ε.   δώσουσιν σημεῖα μεγάλα.

ζ.   τὴν δόξαν τὴν ἐμήν, ἣν δέδωκάς μοι

η.   ἐδόθη μοι πᾶσα ἐξουσία.

Translation

1.   ὁ δὲ ἀποκριθεὶς εἶπεν αὐτοῖς, ὅτι ὑμῖν δέδοται γνῶναι[1] τὰ μυστήρια (mysteries) τῆς βασιλείας τῶν
     οὐρανῶν, ἐκείνοις δὲ οὐ δέδοται.

2.   τὴν δύναμιν καὶ ἐξουσίαν αὐτῶν τῷ θηρίῳ (beast) διδόασιν.

3.   οἱ πατέρες ἡμῶν τὸ μάννα ἔφαγον ἐν τῇ ἐρήμῳ, καθώς ἐστιν γεγραμμένον, ἄρτον ἐκ τοῦ
     οὐρανοῦ ἔδωκεν αὐτοῖς φαγεῖν. εἶπεν οὖν αὐτοῖς ὁ Ἰησοῦς, ἀμὴν ἀμὴν λέγω ὑμῖν, οὐ Μωϋσῆς
     δέδωκεν ὑμῖν τὸν ἄρτον ἐκ τοῦ οὐρανοῦ, ἀλλ᾽ ὁ πατήρ μου δίδωσιν ὑμῖν τὸν ἄρτον ἐκ τοῦ
     οὐρανοῦ τὸν ἀληθινόν (true).

---

[1]   Hint: What is the root of this verbal form?

4. [2] καὶ εἶπεν αὐτῷ ὁ διάβολος (devil), σοὶ δώσω τὴν ἐξουσίαν ταύτην ἅπασαν[3] καὶ τὴν δόξαν

   αὐτῶν, ὅτι ἐμοὶ παραδέδοται καὶ ᾧ ἐὰν θέλω δίδωμι αὐτήν. .

5. ὁ νόμος διὰ Μωϋσέως ἐδόθη, ἡ χάρις καὶ ἡ ἀλήθεια διὰ Ἰησοῦ Χριστοῦ ἐγένετο.

6. οἱ λοιποὶ ἔμφοβοι (terrified) ἐγένοντο καὶ ἔδωκαν δόξαν τῷ θεῷ τοῦ οὐρανοῦ.

7. τὰ ῥήματα ἃ ἔδωκάς μοι δέδωκα αὐτοῖς, καὶ αὐτοὶ ἔλαβον καὶ ἔγνωσαν ἀληθῶς (truly) ὅτι παρὰ

   σοῦ ἐξῆλθον, καὶ ἐπίστευσαν ὅτι σύ με ἀπέστειλας.

---

[2] Notice the shift in normal word order all the way through this verse.

[3] ἅπας has the same meaning as πᾶς.

8. βλέπετε οὖν πῶς ἀκούετε· ὃς ἂν γὰρ ἔχῃ, δοθήσεται[4] αὐτῷ· καὶ ὃς ἂν μὴ ἔχῃ, καὶ ὃ δοκεῖ ἔχειν ἀρθήσεται ἀπ᾽ αὐτοῦ.

9. εἰ οὖν ὑμεῖς πονηροὶ ὑπάρχοντες οἴδατε δόματα (gifts) ἀγαθὰ διδόναι (to give) τοῖς τέκνοις ὑμῶν, πόσῳ (how much) μᾶλλον ὁ πατὴρ ὁ ἐξ οὐρανοῦ δώσει πνεῦμα ἅγιον τοῖς αἰτοῦσιν αὐτόν.

10. διὰ τοῦτο λέγω ὑμῖν ὅτι ἀρθήσεται ἀφ᾽ ὑμῶν ἡ βασιλεία τοῦ θεοῦ καὶ δοθήσεται ἔθνει ποιοῦντι τοὺς καρποὺς αὐτῆς.

Additional

11. οἱ μὴ πιστεύοντες εἰς τὸν Ἰησοῦν ἀπώλεσαν τοὺς δύο πύργους[5] ἐν τῇ μεγάλη πόλει ἵνα πρὸς τὴν γῆν πέσωσιν καὶ πολλοὶ ἀποθάνωσιν.

---

[4] I did not discuss this specific form in the text, but if you learned the rules it should not be a problem for you.

[5] πύργος, –ου, ὁ, "tower."

12. τῶν ἀποστόλων εἰς τὸν ὅλον κόσμον ἀπελθόντων πολλοὶ ὄχλοι τὰς καρδίας αὐτῶν τῷ κυρίῳ

ἔδωκαν διὰ τὸν λόγον τὸν κηρυχθέντα αὐτοῖς.

13. καὶ λαβοῦσα τοῦ καρποῦ αὐτοῦ[6] ἔφαγεν καὶ ἔδωκεν καὶ τῷ ἀνδρὶ αὐτῆς μετ᾽ αὐτῆς καὶ ἔφαγον.

14. καὶ εἶπεν ὁ Ἀδάμ, ἡ γυνή ἣν ἔδωκας μετ᾽ ἐμοῦ αὕτη μοι ἔδωκεν ἀπὸ τοῦ ξύλου[7] καὶ ἔφαγον.

15. τόπον ἔδωκεν ὁ δεσπότης[8] τοῖς βουλομένοις[9] ἐπιστραφῆναι[10] ἐπ᾽ αὐτόν.

16. καὶ ἔδωκαν κλήρους αὐτοῖς καὶ ἔπεσεν ὁ κλῆρος ἐπὶ Μαθθίαν.

17. εὐλογήσω δὲ αὐτὴν καὶ δώσω σοι ἐξ αὐτῆς τέκνον καὶ εὐλογήσω αὐτόν καὶ ἔσται εἰς ἔθνη καὶ βασιλεῖς ἐθνῶν ἐξ αὐτοῦ ἔσονται.

18. ᾧ μὲν[11] γὰρ διὰ τοῦ πνεύματος δίδοται λόγος σοφίας, ἄλλῳ δὲ λόγος γνώσεως κατὰ τὸ αὐτὸ πνεῦμα.

19. εἶπεν αὐτῷ ὁ θεός, ἀναβλέψας τοῖς ὀφθαλμοῖς σου, ἴδε ἀπὸ τοῦ τόπου οὗ νῦν σὺ εἶ, πρὸς … ἀνατολὰς καὶ θάλασσαν, ὅτι πᾶσαν τὴν γῆν ἣν σὺ ὁρᾷς, σοὶ δώσω αὐτὴν καὶ τῷ σπέρματί σου ἕως αἰῶνος.

20. τὸν κύριον Ἰησοῦν Χριστόν, οὗ τὸ αἷμα ὑπὲρ ἡμῶν ἐδόθη, ἐντραπῶμεν.[12]

References

α. 1 Cor 15:38; β. 1 Cor 12:8; γ. Mk 6:37; δ. Rev 2:21; ε. Mt 24:24; ζ. Jn 17:24; η. Mt 28:18; **1**. Mt 13:11; **2**. Rev 17:13; **3**. Jn 6:31–32; **4**. Lk 4:6; **5**. Jn 1:17; **6**. Rev 11:13; **7**. Jn 17:8; **8**. Lk 8:18; **9**. Lk 11:13; **10**. Mt 21:43; **11**. —; **12**. —; **13**. Gen 3:6; **14**. Gen 3:12; **15**. 1 Clem 7:5; **16**. Ac 1:26; **17**. Gen 17:16; **18**. 1 Cor 12:8; **19**. 1 Clem 10:4; **20**. 1 Clem 21:6.

---

[6] This is the third (and last) time you will see this verse. The antecedent of αὐτοῦ is the tree of the knowledge of good and evil.

[7] ξύλον, –ου, τό, "wood, tree."

[8] δεσπότης, –ου, ὁ, "master, lord."

[9] βούλομαι, "I wish, determine."

[10] ἐπιστρέφω, "I turn to, return." It has a second aorist passive, ἐπεστράφην.

[11] ᾧ μέν is used in conjunction with ἄλλῳ δέ to mean "to one … to another."

[12] ἐντρέπω, "I respect."

Copyright 2001 Bill Mounce

Here is a famous Greek scholar
who spent too much time studying and not enough time playing.

Exercise 35

Nonindicative Forms of δίδωμι and Conditional Sentences

Parsing

	Inflected	Person / Case	Number	Tense / Gender	Voice	Mood	Lexical form	Inflected meaning
1.	διδόντες							
2.	δοθέντος							
3.	διδῷ (2x)							
4.	δῷ (2x)							
5.	δοθῇ							
6.	διδούς							
7.	δοῦναι							
8.	δοθεῖσα							
9.	διδότω							
10.	δόντα							

Warm-up

α. μηδὲ δίδοτε τόπον.

β. δότε αὐτοῖς ὑμεῖς φαγεῖν.

γ. εὐδόκησεν (he/she/it was pleased) ὁ πατὴρ ὑμῶν δοῦναι ὑμῖν τὴν βασιλείαν.

δ. διὰ πνεύματος ἁγίου τοῦ δοθέντος ἡμῖν

ε. δῶμεν ἢ μὴ δῶμεν;

ζ. ἐδόξασαν τὸν θεὸν τὸν δόντα ἐξουσίαν.

η. ἡ ἐπαγγελία ἐκ πίστεως Ἰησοῦ Χριστοῦ δοθῇ τοῖς πιστεύουσιν.

Translation

1. δίδοτε, καὶ δοθήσεται ὑμῖν.

2. τίς ἐστιν ὁ δούς σοι τὴν ἐξουσίαν ταύτην;

3. χάρις ὑμῖν καὶ εἰρήνη ἀπὸ[1] θεοῦ πατρὸς ἡμῶν καὶ κυρίου Ἰησοῦ Χριστοῦ τοῦ δόντος ἑαυτὸν

    ὑπὲρ τῶν ἁμαρτιῶν ἡμῶν.

4. [2] ταῦτα ἐλάλησεν Ἰησοῦς, καὶ ἐπάρας[3] τοὺς ὀφθαλμοὺς αὐτοῦ εἰς τὸν οὐρανὸν εἶπεν, πάτερ

    ἐλήλυθεν ἡ ὥρα· δόξασόν σου τὸν υἱόν, ἵνα ὁ υἱὸς δοξάσῃ σέ, καθὼς ἔδωκας αὐτῷ ἐξουσίαν

    πάσης[4] σαρκός, ἵνα πᾶν[5] ὃ δέδωκας αὐτῷ δώσῃ αὐτοῖς ζωὴν αἰώνιον.

5. ἵνα ὁ θεὸς τοῦ κυρίου ἡμῶν Ἰησοῦ Χριστοῦ, ὁ πατὴρ τῆς δόξης, δώῃ ὑμῖν πνεῦμα σοφίας.

---

[1] Notice that ἀπό is not repeated before κυρίου. This is exegetically significant and present in Paul's salutations. If Paul thought of "God" and the "Lord" as two different entities, he would have had to repeat the preposition. The fact that he doesn't shows that he views both as the same entity. It is probably pushing the grammar too far to say that Paul equates Jesus and God, but it does show that Paul views them working in absolute harmony with each other, both being the single agent of grace and peace to the Galatians.

[2] Diagramming this verse will help.

[3] ἐπαίρω, "I lift up," a compound verb formed from ἐπί and αἴρω.

[4] The genitive case here signifies the sense of "over all."

[5] The neuter is unexpected since it refers to every person, already referred to as πάσης σαρκός and will refer to them as αὐτοῖς (masculine). The singular emphasizes the unity of all people, and Morris says the neuter places emphasis on the"quality as God-given" (*The Gospel According to John,* The New International Commentary on the New Testament [Grand Rapids: Eerdmans, 1971], 719n9).

6. καὶ ὅταν ἄγωσιν ὑμᾶς παραδιδόντες,[6] μὴ προμεριμνᾶτε[7] τί λαλήσητε, ἀλλ᾽ ὃ ἐὰν δοθῇ ὑμῖν ἐν ἐκείνῃ τῇ ὥρᾳ τοῦτο λαλεῖτε· οὐ γάρ ἐστε ὑμεῖς οἱ λαλοῦντες ἀλλὰ τὸ πνεῦμα τὸ ἅγιον.

7. εἰ οὖν ὑμεῖς πονηροὶ ὄντες οἴδατε δόματα (gifts) ἀγαθὰ διδόναι τοῖς τέκνοις ὑμῶν, πόσῳ (how much) μᾶλλον ὁ πατὴρ ὑμῶν ὁ ἐν τοῖς οὐρανοῖς δώσει ἀγαθὰ τοῖς αἰτοῦσιν αὐτόν.[8]

8. τὸν ἄρτον ἡμῶν τὸν ἐπιούσιον[9] δίδου.

9. καὶ γὰρ ὁ υἱὸς τοῦ ἀνθρώπου οὐκ ἦλθεν διακονηθῆναι[10] ἀλλὰ διακονῆσαι καὶ δοῦναι τὴν ψυχὴν αὐτοῦ λύτρον (ransom) ἀντὶ πολλῶν.

10. τῷ δὲ θεῷ χάρις τῷ διδόντι ἡμῖν τὸ νῖκος (victory) διὰ τοῦ κυρίου ἡμῶν Ἰησοῦ Χριστοῦ.

Additional

11. δόντες δὲ τὰς ἰδίας καρδίας τῷ κυρίῳ, διδάσκωμεν τοῖς παιδίοις τὸν λόγον τοῦ θεοῦ ἵνα καὶ ἑαυτοὺς τῷ κυρίῳ δῶσιν.

---

[6] παραδιδόντες is from παραδίδωμι and means "I deliver over." In this context, it is indicating purpose.

[7] προμεριμνᾶτε is from προμεριμνάω and means "I worry ahead of time."

[8] In case this seems familiar, you translated its Lukan parallel (11:13) in the previous chapter.

[9] ἐπιούσιον never occurs anywhere in Greek literature, except in discussions of this passage. It is therefore difficult to define precisely. Guesses include "daily," "sufficient for today," "sufficient for tomorrow," and "day by day."

[10] διακονέω, "I serve."

12. ὁ ποιμὴν τῆς ἐκκλησίας τῷ ὄχλῳ εἶπεν, δότε τὰς φωνὰς ὑμῶν ἐν ὅλῃ τῇ ψυχῇ τῷ Ἰησοῦ Χριστῷ

    τῷ κυρίῳ.

13. καθὼς ἔδωκας αὐτῷ ἐξουσίαν πάσης σαρκός, ἵνα πᾶν ὃ δέδωκας αὐτῷ δώσῃ αὐτοῖς ζωὴν
    αἰώνιον.

14. μὴ φοβοῦ, τὸ μικρὸν ποίμνιον,[11] ὅτι εὐδόκησεν ὁ πατὴρ ὑμῶν δοῦναι ὑμῖν τὴν βασιλείαν.

15. ἔφη αὐτῷ ὁ Ἰησοῦς, εἰ θέλεις τέλειος εἶναι, ὕπαγε πώλησόν[12] σου τὰ ὑπάρχοντα καὶ δὸς τοῖς
    πτωχοῖς, καὶ ἕξεις θησαυρὸν ἐν οὐρανοῖς, καὶ δεῦρο[13] ἀκολούθει μοι.

16. καὶ εἶπεν ὁ Ἀδάμ, ἡ γυνή ἣν ἔδωκας μετ᾽ ἐμοῦ αὕτη μοι ἔδωκεν ἀπὸ τοῦ ξύλου καὶ ἔφαγον.

17. καὶ ἔλεγεν, διὰ τοῦτο εἴρηκα ὑμῖν ὅτι οὐδεὶς δύναται ἐλθεῖν πρός με ἐὰν μὴ ᾖ δεδομένον αὐτῷ ἐκ
    τοῦ πατρός.

18. ἀπεκρίθη Ἰησοῦς καὶ εἶπεν αὐτῇ, εἰ ᾔδεις τὴν δωρεὰν τοῦ θεοῦ καὶ τίς ἐστιν ὁ λέγων σοι, δός μοι
    πεῖν, σὺ ἂν ᾔτησας αὐτὸν καὶ ἔδωκεν ἄν σοι ὕδωρ ζῶν.

19. εἶπαν οὖν αὐτῷ, τίς εἶ; ἵνα ἀπόκρισιν[14] δῶμεν τοῖς πέμψασιν ἡμᾶς· τί λέγεις περὶ σεαυτοῦ;

20. αὐτὸς εἶπεν, μακάριόν ἐστιν μᾶλλον διδόναι ἢ λαμβάνειν.

21. ἵνα ὁ θεὸς τοῦ κυρίου ἡμῶν Ἰησοῦ Χριστοῦ, ὁ πατὴρ τῆς δόξης, δώῃ ὑμῖν πνεῦμα σοφίας καὶ
    ἀποκαλύψεως ἐν ἐπιγνώσει αὐτοῦ.

22. … θεοῦ, τοῦ σώσαντος ἡμᾶς καὶ καλέσαντος κλήσει ἁγίᾳ, οὐ κατὰ τὰ ἔργα ἡμῶν ἀλλὰ κατὰ ἰδίαν
    πρόθεσιν καὶ χάριν, τὴν δοθεῖσαν ἡμῖν ἐν Χριστῷ Ἰησοῦ πρὸ χρόνων αἰωνίων.

Summary

1. When you find a preposition — noun — καί — noun construction, the single preposition "governs" the two nouns and shows you that the author thinks of them as a unit.

References

α. Eph 4:27; β. Mt 14:16; γ. Lk 12:32; δ. Rom 5:5; ε. Mk 12:14; ζ. Mt 9:8; η. Gal 3:22; **1**. Lk 6:38; **2**. Lk 20:2; **3**. Gal 1:3–4; **4**. Jn 17:1–2; **5**. Eph 1:17; **6**. Mk 13:11; **7**. Mt 7:11; **8**. Lk 11:3; **9**. Mk 10:45; **10**. 1 Cor 15:57; **11**. —; **12**. —; **13**. Jn 17:2; **14**. Lk 12:32; **15**. Mt 19:21; **16**. Gen 3:12; **17**. Jn 6:65; **18**. Jn 4:10; **19**. Jn 1:22; **20**. Acts 20:35; **21**. Eph 1:17; **22**. 2 Tim 1:9.

---

[11] ποίμνιον, –ου, τό, "flock."

[12] Hint: This is not a noun or adjective. This is a hard one.

[13] δεῦρο is an interjection that means "Come!"

[14] ἀπόκρισις, –εως, ἡ, "answer."

Exercise 36

ἵστημι, τίθημι, δείκνυμι, and Odds 'n Ends

Parsing

	Inflected	Person / Case	Number	Tense / Gender	Voice	Mood	Lexical form	Inflected meaning
1.	τίθετε							
2.	ἵστησι							
3.	θήσω							
4.	ἔστησεν							
5.	τιθέντες							
6.	ἐτέθη							
7.	σταθείς							
8.	ἀφῆκας							
9.	ἀναστήσομεν							
10.	ἔστηκεν							

Warm-up

α. ἴδε ὁ τόπος ὅπου ἔθηκαν αὐτόν.

β. τί ἑστήκατε βλέποντες εἰς τὸν οὐρανόν;

γ. οὐ δύναται σταθῆναι ἡ βασιλεία ἐκείνη.

δ. ἵνα τις τὴν ψυχὴν αὐτοῦ θῇ ὑπὲρ τῶν φίλων[1] αὐτοῦ.

ε. καὶ ἀναγαγὼν αὐτὸν ἔδειξεν αὐτῷ πάσας τὰς βασιλείας.

ζ. πῶς οὖν σταθήσεται ἡ βασιλεία αὐτοῦ;

η. ὁ δὲ ἔφη αὐτῷ, ἀγαπήσεις κύριον τὸν θεόν σου.

---

[1] φίλος, –ου, ὁ, "friend."

Translation

Because this is the last chapter without further chapters to help review this chapter, I have included more exercises than usual. It is well worth your time to work through all of them.

1. θήσω τὸ πνεῦμά μου ἐπ᾽ αὐτόν.

2. ἀπεκρίθησαν οὖν οἱ Ἰουδαῖοι καὶ εἶπαν αὐτῷ, τί σημεῖον δεικνύεις ἡμῖν ὅτι ταῦτα ποιεῖς;

3. τότε παραλαμβάνει (he/she/it took) αὐτὸν ὁ διάβολος (devil) εἰς τὴν ἁγίαν πόλιν καὶ ἔστησεν αὐτὸν ἐπὶ τὸ πτερύγιον (highest point) τοῦ ἱεροῦ.

4. ἐγώ εἰμι ὁ ποιμὴν (shepherd) ὁ καλός. ὁ ποιμὴν ὁ καλὸς τὴν ψυχὴν αὐτοῦ τίθησιν ὑπὲρ τῶν προβάτων (sheep).

5. ἔγραψεν δὲ καὶ τίτλον (inscription) ὁ Πιλᾶτος καὶ ἔθηκεν ἐπὶ τοῦ σταυροῦ (cross)· ἦν δὲ γεγραμμένον, Ἰησοῦς ὁ Ναζωραῖος ὁ βασιλεὺς τῶν Ἰουδαίων.

6. εἰπέ μοι ποῦ (where) ἔθηκας αὐτόν, κἀγὼ αὐτὸν ἀρῶ.

7. καὶ ἔστησαν ἐπὶ τοὺς πόδας αὐτῶν, καὶ φόβος μέγας ἐπέπεσεν[2] ἐπὶ τοὺς θεωροῦντας αὐτούς.

8. ἰδοὺ ἔστηκα ἐπὶ τὴν θύραν (door) καὶ κρούω (I knock)· ἐάν τις ἀκούσῃ τῆς φωνῆς μου καὶ ἀνοίξῃ

   τὴν θύραν, εἰσελεύσομαι πρὸς αὐτὸν καὶ δειπνήσω (I will eat) μετ᾽ αὐτοῦ καὶ αὐτὸς μετ᾽ ἐμοῦ.

9. οὕτως γὰρ ἐντέταλται (he/she/it has commanded) ἡμῖν ὁ κύριος, τέθεικά σε εἰς φῶς ἐθνῶν τοῦ

   εἶναί σε εἰς σωτηρίαν (salvation) ἕως ἐσχάτου τῆς γῆς.

10. ἐθεάσαντο (they saw) τὸ μνημεῖον (tomb) καὶ ὡς ἐτέθη τὸ σῶμα αὐτοῦ.

11. ἐζήτουν αὐτὸν εἰσενεγκεῖν (to bring) καὶ θεῖναι[3] αὐτὸν ἐνώπιον αὐτοῦ.

---

[2] ἐπιπίπτω, "I fall upon."

[3] Hint: Identify the root, and remember that the stem vowel can change.

12. τρέχει (he/she/it runs) οὖν καὶ ἔρχεται πρὸς Σίμωνα Πέτρον καὶ πρὸς τὸν ἄλλον μαθητὴν ὃν

    ἐφίλει[4] ὁ Ἰησοῦς καὶ λέγει αὐτοῖς, ἦραν τὸν κύριον ἐκ τοῦ μνημείου (tomb) καὶ οὐκ οἴδαμεν ποῦ

    ἔθηκαν αὐτόν.

13. δι᾽ οὗ καὶ τὴν προσαγωγὴν (access) ἐσχήκαμεν τῇ πίστει εἰς τὴν χάριν ταύτην ἐν ᾗ ἑστήκαμεν καὶ

    καυχώμεθα (we boast) ἐπ᾽ ἐλπίδι τῆς δόξης τοῦ θεοῦ.

14. ἡ δὲ ἐλπὶς οὐ καταισχύνει,[5] ὅτι ἡ ἀγάπη τοῦ θεοῦ ἐκκέχυται[6] ἐν ταῖς καρδίαις ἡμῶν διὰ

    πνεύματος ἁγίου τοῦ δοθέντος ἡμῖν.

15. [7] οὐχ ὑμεῖς με ἐξελέξασθε (you chose), ἀλλ᾽ ἐγὼ ἐξελεξάμην (I chose) ὑμᾶς καὶ ἔθηκα ὑμᾶς ἵνα

    ὑμεῖς ὑπάγητε καὶ καρπὸν φέρητε καὶ ὁ καρπὸς ὑμῶν μένῃ, ἵνα ὅ τι ἂν αἰτήσητε τὸν πατέρα ἐν

    τῷ ὀνόματί μου δῷ ὑμῖν.

---

[4] φιλέω means "I love." In classical Greek it actually referred to the highest form of love, but it eventually became associated with a kiss. In John's Gospel, φιλέω and ἀγαπάω are synonyms, but in later Christian writings, φιλέω has been almost entirely replaced by ἀγαπάω.

[5] καταισχύνω, "I dishonor, shame; disappoint."

[6] ἐκχύννω, "I pour out." BDAG lists the lexical form as ἐκχέω, its perfect as ἐκκέχυκα, and says the verb's Hellenistic form is ἐκχύν(ν)ω.

[7] Does the scope of Jesus's saying apply only to the disciples or to all believers? Don't let your theology answer this one; stick with the text.

16. εἶπεν δὲ πρὸς αὐτούς, οὐχ ὑμῶν[8] ἐστιν γνῶναι χρόνους ἢ καιροὺς οὓς ὁ πατὴρ ἔθετο[9] ἐν τῇ ἰδίᾳ

    ἐξουσίᾳ.

17. ἀπεκρίθη αὐτοῖς ὁ Ἰωάννης λέγων, ἐγὼ βαπτίζω ἐν ὕδατι· μέσος ὑμῶν ἔστηκεν ὃν ὑμεῖς οὐκ

    οἴδατε.

18. μείζονα ταύτης ἀγάπην οὐδεὶς ἔχει, ἵνα τις τὴν ψυχὴν αὐτοῦ θῇ[10] ὑπὲρ τῶν φίλων (friends) αὐτοῦ.

19. εἰ δὲ καὶ ὁ σατανᾶς ἐφ᾽ ἑαυτὸν διεμερίσθη (he/she/it is divided), πῶς σταθήσεται ἡ βασιλεία

    αὐτοῦ; ὅτι λέγετε ἐν Βεελζεβοὺλ ἐκβάλλειν με τὰ δαιμόνια.

20. ταῦτα δὲ αὐτῶν λαλούντων αὐτὸς ἔστη[11] ἐν μέσῳ αὐτῶν καὶ λέγει αὐτοῖς, εἰρήνη ὑμῖν.

---

[8] You can insert "for" before ὑμῶν in this context.

[9] τίθημι can be a tricky word. In the aorist active it has a first aorist form (ἔθηκα), but in the middle it has a second aorist form (ἐθέμην).

[10] Hint: There is no reduplication, there is no augment, and θῇ occurs in a ἵνα clause.

[11] Hint: did you remember that ἵστημι has both a first (ἔστησα) and a second (ἔστην) aorist form?

Additional

21. ἐὰν ἱστῶμεν ἐπὶ τῇ ὁδῷ τῶν ἁμαρτανόντων, οὐ δεξόμεθα τὴν χάριν τοῦ θεοῦ.

22. ἐπεὶ γινώσκομεν νῦν τὴν Ἑλληνικὴν[12] γλῶσσαν, ἀνοίξαντες τὴν καινὴν διαθήκην[13] διδασκώμεθα νῦν κηρύσσειν τοὺς λόγους τῆς ἀληθείας.

23. καὶ ἔθετο αὐτοὺς ὁ θεὸς ἐν τῷ στερεώματι[14] τοῦ οὐρανοῦ, ὥστε φαίνειν ἐπὶ τῆς γῆς καὶ ἄρχειν τῆς ἡμέρας καὶ τῆς νυκτὸς καὶ διαχωρίζειν (to divide) ἀνὰ μέσον[15] τοῦ φωτὸς καὶ ἀνὰ μέσον τοῦ σκότους, καὶ εἶδεν ὁ θεὸς ὅτι καλόν.

24. καὶ ἔχθραν (enmity) θήσω ἀνὰ μέσον σου καὶ ἀνὰ μέσον τῆς γυναικὸς καὶ ἀνὰ μέσον τοῦ σπέρματός σου καὶ ἀνὰ μέσον τοῦ σπέρματος αὐτῆς, αὐτός σου τηρήσει κεφαλήν καὶ σὺ τηρήσεις αὐτοῦ πτέρναν.[16]

References

α. Mk 16:6; β. (Acts 1:11); γ. Mk 3:24; δ. Jn 15:13; ε. Lk 4:5; ζ. Mt 12:26; η. Mt 22:37; **1**. Mt 12:18; **2**. Jn 2:18; **3**. Mt 4:5; **4**. Jn 10:11; **5**. Jn 19:19; **6**. Jn 20:15; **7**. Rev 11:11; **8**. Rev 3:20; **9**. Acts 13:47; **10**. Lk 23:55; **11**. Lk 5:18; **12**. Jn 20:2; **13**. Rom 5:2; **14**. Rom 5:5; **15**. Jn 15:16; **16**. Acts 1:7; **17**. Jn 1:26; **18**. Jn 15:13; **19**. Lk 11:18; **20**. Lk 24:36; **21**. —; **22**. —; **23**. Gen 1:17–18; **24**. Gen 3:15.

---

[12] Ἑλληνικός, –ή, –όν, "Greek."

[13] διαθήκη, –κης, ἡ, "covenant, testament."

[14] στερέωμα, –ματος, τό, "firmament."

[15] ἀνὰ μέσον is an idiom that means "between." Hebrew often repeats this prepositional phrase with the second noun, and the LXX of Gen 1:17 reflects that Hebrew construction.

[16] πτέρνη, –ης, ἡ, "heel."

Review #7

Grammar

1. What is the basic significance of the tenses in nonindicative moods?

2. What are the two ways a subjunctive verb is used in independent clauses?

   a.

   b.

3. What are the two ways a subjunctive verb is used in dependent clauses?

   a.

   b.

4. What are the two kinds of third class conditional sentences? How can you tell them apart?

   a.

   b.

5. How do you translate the following prepositions when they are used with an articular infinitive?

   a. διά

   b. εἰς

   c. πρός

6. What are the three ways in which you can indicate purpose with an infinitive?

    a.

    b.

    c.

7. What are the five ways to state a prohibition and other types of negation, and what are the nuances of each?

    a.

    b.

    c.

    d.

    e.

8. What are the five μι verb rules?

    a.

    b.

    c.

    d.

    e.

Parsing

	Inflected	Person / Case	Number	Tense / Gender	Voice	Mood	Lexical form	Inflected meaning
1.	ποιῆσθε							
2.	πιστεύειν							
3.	ἔρχηται							
4.	γρᾶψαι							
5.	κρινέτωσαν							
6.	ἔλθωμεν							

7. δίδωσι							
8. ἀπεστάλθαι							
9. δέδωκεν							
10. παρακάλεσαι							
11. τίθεμεν							
12. ἵστασαι							

Translation: Matthew 13:1 - 23

13:1 ἐν τῇ ἡμέρᾳ ἐκείνῃ ἐξελθὼν ὁ Ἰησοῦς τῆς οἰκίας ἐκάθητο παρὰ τὴν θάλασσαν· 13:2 καὶ

συνήχθησαν πρὸς αὐτὸν ὄχλοι πολλοί, ὥστε αὐτὸν εἰς πλοῖον ἐμβάντα καθῆσθαι, καὶ πᾶς ὁ ὄχλος

ἐπὶ τὸν αἰγιαλὸν[1] εἱστήκει.[2]

13:3 καὶ ἐλάλησεν αὐτοῖς πολλὰ ἐν παραβολαῖς λέγων, ἰδοὺ ἐξῆλθεν ὁ σπείρων τοῦ σπείρειν.

13:4 καὶ ἐν τῷ σπείρειν αὐτὸν ἃ μὲν[3] ἔπεσεν παρὰ τὴν ὁδόν, καὶ ἐλθόντα τὰ πετεινὰ κατέφαγεν αὐτά.

13:5 ἄλλα δὲ ἔπεσεν ἐπὶ τὰ πετρώδη[4] ὅπου οὐκ εἶχεν γῆν πολλήν, καὶ εὐθέως ἐξανέτειλεν[5] διὰ τὸ μὴ

ἔχειν βάθος[6] γῆς· 13:6 ἡλίου δὲ ἀνατείλαντος[7] ἐκαυματίσθη[8] καὶ διὰ τὸ μὴ ἔχειν ῥίζαν ἐξηράνθη.

13:7 ἄλλα δὲ ἔπεσεν ἐπὶ τὰς ἀκάνθας, καὶ ἀνέβησαν αἱ ἄκανθαι καὶ ἔπνιξαν[9] αὐτά. 13:8 ἄλλα δὲ

ἔπεσεν ἐπὶ τὴν γῆν τὴν καλὴν καὶ ἐδίδου καρπόν, ὃ μὲν ἑκατόν, ὃ δὲ ἑξήκοντα,[10] ὃ δὲ τριάκοντα.

---

[1] αἰγιαλός, –οῦ, ὁ, "shore, beach."

[2] This is actually the pluperfect of ἵστημι. It functions as the aorist and means "he/she/it stood."

[3] The combinations of ὃς μέν, ὁ δέ, and ἄλλα δέ can be translated as "some."

[4] πετρώδης, –ες, "rocky, stony."

[5] ἐξανατέλλω, "I spring up."

[6] βάθος, –ους, τό, "depth."

[7] ἀνατέλλω, "I rise, spring up, dawn."

[8] καυματίζω, "I scorch, burn up."

[9] πνίγω, "I choke."

[10] ἑξήκοντα, "sixty."

13:9 ὁ ἔχων ὦτα ἀκουέτω.

13:10 καὶ προσελθόντες οἱ μαθηταὶ εἶπαν αὐτῷ, διὰ τί ἐν παραβολαῖς λαλεῖς αὐτοῖς;

13:11 ὁ δὲ ἀποκριθεὶς εἶπεν αὐτοῖς, ὅτι ὑμῖν δέδοται γνῶναι τὰ μυστήρια τῆς βασιλείας τῶν

οὐρανῶν, ἐκείνοις δὲ οὐ δέδοται. 13:12 ὅστις γὰρ ἔχει, δοθήσεται αὐτῷ καὶ περισσευθήσεται· [11]

ὅστις δὲ οὐκ ἔχει, καὶ ὃ ἔχει ἀρθήσεται ἀπ᾽ αὐτοῦ. 13:13 διὰ τοῦτο ἐν παραβολαῖς αὐτοῖς λαλῶ, ὅτι

βλέποντες οὐ βλέπουσιν καὶ ἀκούοντες οὐκ ἀκούουσιν οὐδὲ συνίουσιν,[12] 13:14 καὶ ἀναπληροῦται[13]

αὐτοῖς ἡ προφητεία Ἠσαΐου ἡ λέγουσα,

    ἀκοῇ[14] ἀκούσετε καὶ οὐ μὴ συνῆτε,

       καὶ βλέποντες βλέψετε καὶ οὐ μὴ ἴδητε.

13:15   ἐπαχύνθη[15] γὰρ ἡ καρδία τοῦ λαοῦ τούτου,

       καὶ τοῖς ὠσὶν βαρέως[16] ἤκουσαν

       καὶ τοὺς ὀφθαλμοὺς αὐτῶν ἐκάμμυσαν,[17]

    μήποτε ἴδωσιν τοῖς ὀφθαλμοῖς

       καὶ τοῖς ὠσὶν ἀκούσωσιν

   καὶ τῇ καρδίᾳ συνῶσιν καὶ ἐπιστρέψωσιν

       καὶ ἰάσομαι αὐτούς.

---

[11] If you look up this word in my dictionary, you will see that περισσεύω means "I abound." Try to make that into a future passive! You can't do it. When you hit this type of problem, the answer is to check out a larger dictionary and find more specifics. As an intransitive verb, περισσεύω means "I abound"; as a transitive verb (as here), it means "I cause to abound." The latter works in this context.

[12] Hint: This is from συνίημι, a word occurring elsewhere in this passage.

[13] ἀναπληρόω, "I fulfill."

[14] Why is ἀκοῇ dative? This is a little strange, but the word can mean the act of listening. The dative is the idea of with respect to. So an awkward translation would be, "with respect to hearing, you will hear and not understand."

[15] παχύνω, "I make dull, calloused." Passive: "I become dull."

[16] βαρέως, "with difficulty."

[17] καμμύω, "I close."

13:16 ὑμῶν δὲ μακάριοι οἱ ὀφθαλμοὶ ὅτι βλέπουσιν καὶ τὰ ὦτα ὑμῶν ὅτι ἀκούουσιν. 13:17 ἀμὴν γὰρ

λέγω ὑμῖν ὅτι πολλοὶ προφῆται καὶ δίκαιοι ἐπεθύμησαν ἰδεῖν ἃ βλέπετε καὶ οὐκ εἶδαν, καὶ ἀκοῦσαι ἃ

ἀκούετε καὶ οὐκ ἤκουσαν.

13:18 ὑμεῖς οὖν ἀκούσατε τὴν παραβολὴν τοῦ σπείραντος. 13:19 παντὸς ἀκούοντος τὸν

λόγον τῆς βασιλείας καὶ μὴ συνιέντος ἔρχεται[18] ὁ πονηρὸς καὶ ἁρπάζει τὸ ἐσπαρμένον ἐν τῇ καρδίᾳ

αὐτοῦ, οὗτός ἐστιν ὁ παρὰ τὴν ὁδὸν σπαρείς. 13:20 ὁ δὲ ἐπὶ τὰ πετρώδη σπαρείς, οὗτός ἐστιν

ὁ τὸν λόγον ἀκούων καὶ εὐθὺς μετὰ χαρᾶς λαμβάνων αὐτόν, 13:21 οὐκ ἔχει δὲ ῥίζαν ἐν ἑαυτῷ

ἀλλὰ πρόσκαιρός[19] ἐστιν, γενομένης δὲ θλίψεως ἢ διωγμοῦ διὰ τὸν λόγον[20] εὐθὺς σκανδαλίζεται.

13:22 ὁ δὲ εἰς τὰς ἀκάνθας σπαρείς, οὗτός ἐστιν ὁ τὸν λόγον ἀκούων, καὶ ἡ μέριμνα[21] τοῦ αἰῶνος καὶ

ἡ ἀπάτη[22] τοῦ πλούτου συμπνίγει[23] τὸν λόγον καὶ ἄκαρπος[24] γίνεται. 13:23 ὁ δὲ ἐπὶ τὴν καλὴν γῆν

σπαρείς, οὗτός ἐστιν ὁ[25] τὸν λόγον ἀκούων καὶ συνιείς, ὃς δὴ[26] καρποφορεῖ[27] καὶ ποιεῖ ὃ μὲν ἑκατόν,

ὃ δὲ ἑξήκοντα, ὃ δὲ τριάκοντα.

Congratulations

You made it through. Wonderful. I am sure it has taken a lot of effort and perhaps some tears to get this far. But now you are done with the building blocks of the language, and the real fun begins..

I will let you assign your own title to the picture on the next page.

---

[18] Hint: the entire preceding phrase is the subject of ἔρχεται.

[19] πρόσκαιρος, –ov, "temporary, transitory."

[20] Hint: it is unusual for a genitive absolute to be buried inside a sentence, but here it is.

[21] μέριμνα, –ης, ἡ, "anxiety, worry."

[22] ἀπάτη, –ης, ἡ, "deceitfulness."

[23] συμπνίγω, "I choke."

[24] This word is formed with an alpha privative. What do you think it means?

[25] Hint: ὁ modifies two participles.

[26] δή, "indeed."

[27] καρποφορέω, "I produce a crop, bear fruit."

Optional Chapter 1

2 John

Now that you have learned the building blocks of Greek, you should have a little fun (as if paradigms and vocabulary aren't fun enough!). You need to see how much you have learned, so I am including two optional chapters. The first is 2 John. When you are done, you have read an entire New Testament book in Greek.

The format is somewhat the same as my *Graded Reader*. Footnotes explain words that occur less than ten times in the New Testament (which means you will have to use the lexicon in the grammar to look up the words occurring between ten and forty-nine times) as well as grammatical constructions that are too difficult for you right now. I only tell you the meaning of a word once; if the word occurs again in the passage, you should remember it. In the *Graded Reader* there is a bottom section that helps you apply the meaning of the text and introduces you inductively to intermediate Greek grammar. I am putting some of that type of information in the footnotes as well.

I encourage you to do these two optional chapters and then pick up a copy of the *Graded Reader* and start working through it, even if you do it between now and when your next Greek class begins. If summer stands between now and your next class, you will be amazed at how much you can forget if you do not start using Greek regularly.

Salutation

1:1 ὁ πρεσβύτερος ἐκλεκτῇ κυρίᾳ[1] καὶ τοῖς τέκνοις αὐτῆς, οὓς ἐγὼ ἀγαπῶ ἐν ἀληθείᾳ, καὶ

οὐκ ἐγὼ μόνος ἀλλὰ καὶ πάντες οἱ ἐγνωκότες[2] τὴν ἀλήθειαν, 1:2 διὰ τὴν ἀλήθειαν τὴν μένουσαν ἐν

ἡμῖν καὶ μεθ᾽ ἡμῶν ἔσται εἰς τὸν αἰῶνα. 1:3 ἔσται μεθ᾽ ἡμῶν χάρις ἔλεος εἰρήνη παρὰ θεοῦ πατρὸς

καὶ παρὰ Ἰησοῦ Χριστοῦ τοῦ υἱοῦ τοῦ πατρὸς ἐν ἀληθείᾳ καὶ ἀγάπῃ.

Truth and Love

1:4 ἐχάρην[3] λίαν ὅτι εὕρηκα ἐκ τῶν τέκνων[4] σου περιπατοῦντας[5] ἐν ἀληθείᾳ, καθὼς ἐντολὴν

---

[1] κυρία, –ας, ἡ, "lady" (2). You could probably guess this from its masculine form that you do know.

[2] Hint: I see an οτ and what appears to be an augment, so what is it?

[3] Hint: Look carefully at the stem vowel and the eta. Ok, this is pretty hard. Another hint: the final eta is a tense formative, and one of the stem vowels has dropped out.

[4] What word does ἐκ τῶν τέκνων modify? There is no word! This is a partitive genitive; the word (or in this case, phrase) indicates the larger group, and the word it modifies is a smaller group. Sometimes the word for the smaller group is omitted, and you have to supply it from context. Here you would supply "some" (τινάς).

[5] This word modifies the omitted word referenced in the previous footnote.

ἐλάβομεν παρὰ τοῦ πατρός. 1:5 καὶ νῦν ἐρωτῶ σε, κυρία, οὐχ ὡς ἐντολὴν καινὴν γράφων σοι ἀλλὰ ἣν

εἴχομεν ἀπ᾽ ἀρχῆς, ἵνα ἀγαπῶμεν ἀλλήλους. 1:6 καὶ αὕτη ἐστὶν ἡ ἀγάπη, ἵνα περιπατῶμεν κατὰ τὰς

ἐντολὰς αὐτοῦ· αὕτη ἡ ἐντολή ἐστιν, καθὼς ἠκούσατε ἀπ᾽ ἀρχῆς, ἵνα ἐν αὐτῇ[6] περιπατῆτε.

1:7 ὅτι πολλοὶ πλάνοι ἐξῆλθον εἰς τὸν κόσμον, οἱ μὴ ὁμολογοῦντες Ἰησοῦν Χριστὸν

ἐρχόμενον ἐν σαρκί· οὗτός ἐστιν ὁ πλάνος καὶ ὁ ἀντίχριστος. 1:8 βλέπετε[7] ἑαυτούς, ἵνα μὴ

ἀπολέσητε[8] ἃ εἰργασάμεθα ἀλλὰ μισθὸν πλήρη ἀπολάβητε.

1:9 πᾶς ὁ προάγων καὶ μὴ μένων ἐν τῇ διδαχῇ τοῦ Χριστοῦ θεὸν οὐκ ἔχει· ὁ μένων ἐν τῇ

διδαχῇ, οὗτος καὶ τὸν πατέρα καὶ τὸν υἱὸν ἔχει. 1:10 εἴ τις ἔρχεται πρὸς ὑμᾶς καὶ ταύτην τὴν διδαχὴν

οὐ φέρει, μὴ λαμβάνετε αὐτὸν εἰς οἰκίαν καὶ χαίρειν αὐτῷ μὴ λέγετε· 1:11 ὁ λέγων γὰρ αὐτῷ

χαίρειν κοινωνεῖ τοῖς ἔργοις αὐτοῦ τοῖς πονηροῖς.

Final Greetings

1:12 πολλὰ ἔχων ὑμῖν γράφειν οὐκ ἐβουλήθην διὰ χάρτου[9] καὶ μέλανος,[10] ἀλλὰ ἐλπίζω

γενέσθαι πρὸς ὑμᾶς καὶ στόμα πρὸς στόμα[11] λαλῆσαι, ἵνα ἡ χαρὰ ἡμῶν πεπληρωμένη ᾖ.[12]

1:13 ἀσπάζεταί σε[13] τὰ τέκνα τῆς ἀδελφῆς σου τῆς ἐκλεκτῆς.

---

[6]   What is the antecedent of αὐτῇ? ἐντολή or ἀγαπή?

[7]   Hint: This is not an indicative.

[8]   Hint: This is a compound verb whose tense stems are difficult to identify. Think of verbal roots.

[9]   χάρτης, –ου, ὁ, "paper" (1).

[10] μέλας, μέλαινα, μέλαν, "black" (6). The neuter form can mean "ink."

[11] Is this the "holy kiss" of 1 Cor 16:20? ;-)

[12] Hint: You normally see these last two words in reverse order.

[13] Hint: Why is this in the case it is?

Optional Chapter 2

Mark 2:1-3:6

If many of these verses seem familiar, they should. I chose many of the exercises in the workbook from the early chapters of Mark.

Paralytic and Forgiveness

2:1 καὶ εἰσελθὼν πάλιν εἰς Καφαρναοὺμ δι᾽ ἡμερῶν[1] ἠκούσθη ὅτι ἐν οἴκῳ ἐστίν. 2:2 καὶ

συνήχθησαν πολλοὶ ὥστε μηκέτι χωρεῖν[2] μηδὲ τὰ[3] πρὸς τὴν θύραν, καὶ ἐλάλει αὐτοῖς τὸν λόγον. 2:3

καὶ ἔρχονται[4] φέροντες πρὸς αὐτὸν παραλυτικὸν αἰρόμενον ὑπὸ τεσσάρων. 2:4 καὶ μὴ δυνάμενοι

προσενέγκαι αὐτῷ διὰ τὸν ὄχλον ἀπεστέγασαν[5] τὴν στέγην[6] ὅπου ἦν, καὶ ἐξορύξαντες[7] χαλῶσι[8]

τὸν κράβαττον ὅπου ὁ παραλυτικὸς κατέκειτο. 2:5 καὶ ἰδὼν ὁ Ἰησοῦς[9] τὴν πίστιν αὐτῶν λέγει τῷ

παραλυτικῷ, τέκνον, ἀφίενταί[10] σου αἱ ἁμαρτίαι. 2:6 ἦσαν δέ τινες τῶν γραμματέων ἐκεῖ καθήμενοι

καὶ διαλογιζόμενοι ἐν ταῖς καρδίαις αὐτῶν, 2:7 τί οὗτος οὕτως λαλεῖ; βλασφημεῖ· τίς δύναται ἀφιέναι

---

[1] BDAG gives a meaning for δία as "throughout, through, during." It is used somewhat idiomatically with different words to indicate some concept of time. With ἡμέρα you can probably guess its meaning, "through days," in other words, "after some days."

[2] Did you remember that ὥστε plus infinitive has a special use?

[3] Hint: The article is making the following prepositional phrase substantival. The neuter τά tells you Mark is not talking about people.

[4] Did you notice ἔρχονται is present tense? When Greek wants to make a past story more vivid, it can shift into the present tense. We do the same thing in English, but Greek does it a lot more and so translators often ignore it. It is called an "historical present."

[5] ἀποστεγάζω, "I unroof, remove the roof" (1).

[6] στέγη, –ης, ἡ, "roof" (3).

[7] ἐξορύσσω, "I dig out" (2).

[8] χαλάω, "I let down" (7).

[9] Hint: Is Ἰησοῦς part of the participial phrase?

[10] Hint: This is a compound verb formed with the preposition ἀπό (which has been changed to ἀφ).

ἁμαρτίας εἰ μὴ εἷς ὁ θεός;[11] 2:8 καὶ εὐθὺς ἐπιγνοὺς ὁ Ἰησοῦς τῷ πνεύματι αὐτοῦ ὅτι οὕτως διαλογίζονται

ἐν ἑαυτοῖς λέγει αὐτοῖς, τί ταῦτα διαλογίζεσθε ἐν ταῖς καρδίαις ὑμῶν; 2:9 τί ἐστιν εὐκοπώτερον,[12] εἰπεῖν

τῷ παραλυτικῷ, ἀφίενταί σου αἱ ἁμαρτίαι, ἢ εἰπεῖν, ἔγειρε καὶ ἆρον τὸν κράβαττόν σου καὶ περιπάτει;[13]

2:10 ἵνα δὲ εἰδῆτε ὅτι ἐξουσίαν ἔχει ὁ υἱὸς τοῦ ἀνθρώπου ἀφιέναι ἁμαρτίας ἐπὶ τῆς γῆς — λέγει τῷ

παραλυτικῷ, 2:11 σοὶ λέγω, ἔγειρε ἆρον τὸν κράβαττόν σου καὶ ὕπαγε εἰς τὸν οἶκόν σου. 2:12 καὶ

ἠγέρθη καὶ εὐθὺς ἄρας[14] τὸν κράβαττον ἐξῆλθεν ἔμπροσθεν πάντων, ὥστε ἐξίστασθαι[15] πάντας καὶ

δοξάζειν τὸν θεὸν λέγοντας ὅτι οὕτως οὐδέποτε εἴδομεν.

Calling of Levi

2:13 καὶ ἐξῆλθεν πάλιν παρὰ τὴν θάλασσαν· καὶ πᾶς ὁ ὄχλος ἤρχετο πρὸς αὐτόν, καὶ

ἐδίδασκεν αὐτούς. 2:14 καὶ παράγων εἶδεν Λευὶν τὸν[16] τοῦ Ἀλφαίου καθήμενον ἐπὶ τὸ τελώνιον,[17]

καὶ λέγει αὐτῷ, ἀκολούθει μοι. καὶ ἀναστὰς ἠκολούθησεν αὐτῷ.

2:15 καὶ γίνεται[18] κατακεῖσθαι[19] αὐτὸν ἐν τῇ οἰκίᾳ αὐτοῦ, καὶ πολλοὶ τελῶναι καὶ ἁμαρτωλοὶ

συνανέκειντο[20] τῷ Ἰησοῦ καὶ τοῖς μαθηταῖς αὐτοῦ· ἦσαν γὰρ πολλοὶ καὶ ἠκολούθουν αὐτῷ. 2:16 καὶ

οἱ γραμματεῖς τῶν Φαρισαίων ἰδόντες ὅτι ἐσθίει μετὰ τῶν ἁμαρτωλῶν καὶ τελωνῶν ἔλεγον τοῖς

---

[11] Hint: What is the relationship of ὁ θεός to εἷς? Did you notice that εἷς is an adjective (not a preposition) and that it is not in an attributive position?

[12] εὔκοπος, –ον. In our literature only as a comparative, εὐκοπώτερος, "easier" (7).

[13] Which is easier to say? Why?

[14] Hint: This root takes a first aorist, but it is also liquid.

[15] Hint: This is a compound verb, and the verbal root is a μι verb.

[16] As is often the case, the word this article modifies is missing, and therefore the following genitive has no expressed head noun. What is the noun?

[17] τελώνιον, –ου, τό, "revenue" or "tax office" (3).

[18] Καὶ γίνεται is idiomatic, somewhat like καὶ ἐγένετο.

[19] Hint: This infinitive expresses the temporal idea "while."

[20] συνανάκειμαι, "I recline at the table with" (7).

μαθηταῖς αὐτοῦ, ὅτι μετὰ τῶν τελωνῶν καὶ ἁμαρτωλῶν ἐσθίει;[21] 2:17 καὶ ἀκούσας ὁ Ἰησοῦς λέγει

αὐτοῖς, οὐ χρείαν ἔχουσιν οἱ ἰσχύοντες ἰατροῦ[22] ἀλλ᾽ οἱ κακῶς ἔχοντες·[23] οὐκ ἦλθον καλέσαι

δικαίους ἀλλὰ ἁμαρτωλούς.[24]

Conflict over Fasting

2:18 καὶ ἦσαν οἱ μαθηταὶ Ἰωάννου καὶ οἱ Φαρισαῖοι νηστεύοντες. καὶ ἔρχονται καὶ λέγουσιν

αὐτῷ, διὰ τί οἱ μαθηταὶ Ἰωάννου καὶ οἱ μαθηταὶ τῶν Φαρισαίων νηστεύουσιν, οἱ δὲ σοὶ μαθηταὶ οὐ

νηστεύουσιν; 2:19 καὶ εἶπεν αὐτοῖς ὁ Ἰησοῦς, μὴ δύνανται οἱ υἱοὶ τοῦ νυμφῶνος[25] ἐν ᾧ[26] ὁ νυμφίος

μετ᾽ αὐτῶν ἐστιν νηστεύειν;[27] ὅσον χρόνον ἔχουσιν τὸν νυμφίον μετ᾽ αὐτῶν οὐ δύνανται νηστεύειν.

2:20 ἐλεύσονται δὲ ἡμέραι ὅταν ἀπαρθῇ[28] ἀπ᾽ αὐτῶν ὁ νυμφίος, καὶ τότε νηστεύσουσιν ἐν ἐκείνῃ τῇ

ἡμέρᾳ. 2:21[29] οὐδεὶς ἐπίβλημα[30] ῥάκους[31] ἀγνάφου[32] ἐπιράπτει[33] ἐπὶ ἱμάτιον παλαιόν· εἰ δὲ μή, αἴρει

τὸ πλήρωμα ἀπ᾽ αὐτοῦ τὸ καινὸν τοῦ παλαιοῦ καὶ χεῖρον σχίσμα[34] γίνεται. 2:22 καὶ οὐδεὶς βάλλει

---

[21] The question mark shows that the editors of the Greek text think the "scribes of the Pharisees" are asking a question, not making a charge. How, then, will you translate ὅτι?

[22] ἰατρός, –οῦ, ὁ, "physician" (7).

[23] This is an idiom, but you should be able to figure it out.

[24] Can you feel Jesus's sarcasm?

[25] νυμφών, –ῶνος, ὁ, "wedding hall, bridal chamber" (3).

[26] In this context, ἐν ᾧ is a temporal idiom meaning "when."

[27] Let me change the order of the Greek, and maybe that will help you with this sentence. Translate it first as a statement, and then turn it into a question. μή tells you what about the question? μὴ οἱ υἱοὶ τοῦ νυμφῶνος δύνανται νηστεύειν ἐν ᾧ ὁ νυμφίος ἐστὶν μετ᾽ αὐτῶν;

[28] ἀπαίρω, "I take away" (3).

[29] This is a hard sentence, so don't get frustrated if you can't translate it. ῥάκους ἀγνάφου is called a *genitive of material*, telling you what the patch is made of. εἰ δὲ μή is an idiom that means "otherwise." The definition of πλήρωμα in the grammar is "fullness," which doesn't work here; it is another word for "patch." And finally, you can put commas around τὸ καινὸν τοῦ παλαιοῦ, the genitive conveying the idea of "from."

[30] ἐπίβλημα, –ματος, τό, "patch" (4).

[31] ῥάκος, –ους, τό, "tattered garment, piece of cloth" (2).

[32] ἄγναφος, –ον, "unshrunken, new" (2).

[33] ἐπιράπτω, "I sew" (1).

[34] σχίσμα, –ματος, τό, "split, division, tear, crack" (8).

οἶνον νέον εἰς ἀσκοὺς παλαιούς· εἰ δὲ μή, ῥήξει[35] ὁ οἶνος τοὺς ἀσκοὺς καὶ ὁ οἶνος ἀπόλλυται καὶ οἱ

ἀσκοί· ἀλλὰ οἶνον νέον εἰς ἀσκοὺς καινούς.

Conflict over Eating on the Sabbath

2:23 καὶ ἐγένετο αὐτὸν ἐν τοῖς σάββασιν παραπορεύεσθαι[36] διὰ τῶν σπορίμων,[37] καὶ οἱ

μαθηταὶ αὐτοῦ ἤρξαντο ὁδὸν ποιεῖν τίλλοντες[38] τοὺς στάχυας.[39] 2:24 καὶ οἱ Φαρισαῖοι ἔλεγον αὐτῷ,

ἴδε τί ποιοῦσιν τοῖς σάββασιν ὃ οὐκ ἔξεστιν; 2:25 καὶ λέγει αὐτοῖς, οὐδέποτε[40] ἀνέγνωτε τί ἐποίησεν

Δαυὶδ ὅτε χρείαν ἔσχεν καὶ ἐπείνασεν[41] αὐτὸς καὶ οἱ μετ᾽ αὐτοῦ, 2:26 πῶς εἰσῆλθεν εἰς τὸν οἶκον

τοῦ θεοῦ ἐπὶ[42] Ἀβιαθὰρ ἀρχιερέως καὶ τοὺς ἄρτους τῆς προθέσεως[43] ἔφαγεν, οὓς οὐκ ἔξεστιν φαγεῖν

εἰ μὴ τοὺς ἱερεῖς, καὶ ἔδωκεν καὶ τοῖς σὺν αὐτῷ οὖσιν; 2:27 καὶ ἔλεγεν[44] αὐτοῖς, τὸ σάββατον διὰ

τὸν ἄνθρωπον ἐγένετο καὶ οὐχ ὁ ἄνθρωπος διὰ τὸ σάββατον· 2:28 ὥστε κύριός ἐστιν ὁ υἱὸς τοῦ

ἀνθρώπου καὶ τοῦ σαββάτου.

Conflict over Healing on the Sabbath

3:1 καὶ εἰσῆλθεν πάλιν εἰς τὴν συναγωγήν. καὶ ἦν ἐκεῖ ἄνθρωπος ἐξηραμμένην[45] ἔχων τὴν

χεῖρα. 3:2 καὶ παρετήρουν αὐτὸν εἰ τοῖς σάββασιν θεραπεύσει αὐτόν, ἵνα κατηγορήσωσιν αὐτοῦ.

---

[35] ῥήγνυμι, "I tear, burst, break" (6).

[36] παραπορεύομαι, "I go by or through" (5).

[37] σπόριμος, –ον, "sown." As a noun, "grain(field)" (3).

[38] τίλλω, "I pluck, pick" (3).

[39] στάχυς, –υος, ὁ, "head (of wheat), ear (of corn)" (5).

[40] You will need to look at the end of this sentence (v. 26) to understand the nuance of this negative.

[41] Hint: The alpha is not a contract vowel.

[42] ἐπί is specifying when the event occurred.

[43] The definition of πρόθεσις in the grammar is "plan, purpose," which doesn't work here. It is called bread of the Presence, the sacred bread.

[44] Interesting use of the imperfect. Why do you think Mark used this tense? It goes back to the imperfect in v. 24.

[45] The lexical form of ἐξηραμμένην is ξηραίνω.

3:3 καὶ λέγει τῷ ἀνθρώπῳ τῷ τὴν ξηρὰν χεῖρα ἔχοντι, ἔγειρε εἰς τὸ μέσον. 3:4 καὶ λέγει αὐτοῖς,

ἔξεστιν τοῖς σάββασιν ἀγαθὸν ποιῆσαι ἢ κακοποιῆσαι, ψυχὴν σῶσαι ἢ ἀποκτεῖναι; οἱ δὲ ἐσιώπων.

3:5 καὶ περιβλεψάμενος αὐτοὺς μετ᾽ ὀργῆς, συλλυπούμενος ἐπὶ τῇ πωρώσει τῆς καρδίας αὐτῶν λέγει

τῷ ἀνθρώπῳ, ἔκτεινον τὴν χεῖρα. καὶ ἐξέτεινεν καὶ ἀπεκατεστάθη ἡ χεὶρ αὐτοῦ. 3:6 καὶ ἐξελθόντες οἱ

Φαρισαῖοι εὐθὺς μετὰ τῶν Ἡρῳδιανῶν συμβούλιον ἐδίδουν κατ᾽ αὐτοῦ ὅπως αὐτὸν ἀπολέσωσιν.

Basics of Biblical Greek
Video Lectures

William D. Mounce

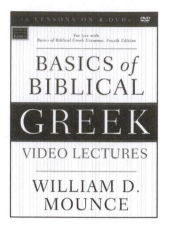

This updated version of *Basics of Biblical Greek Video Lectures* provides 36 easy-to-follow lessons (on 4 DVDs) introducing the grammar and language of the Greek New Testament. Integrated for use with the fourth edition of the bestselling biblical Greek textbook by William D. Mounce, *Basics of Biblical Greek Grammar*, these lectures are an ideal resource for formal students and self-learners.

Each lesson is taught by experienced teacher William D. Mounce, using a logical and simple method of learning biblical Greek. The clear and understandable approach of the lectures helps students comprehend the most important points they need to know in order to progress in their studies. The lectures follow the chapters in the *Basics of Biblical Greek Grammar* textbook.

Useful as a complement to the book or as a standalone resource, these lectures are perfect for formal Greek language students who miss a classroom lecture or want additional help in their learning; for instructors wanting to devote classroom time to drills and exercises, providing a lecture tool students can watch on their own time; for homeschool parents and students; and for self-taught students of biblical Greek.

Available in stores and online!

Biblical Greek:
A Compact Guide

William D. Mounce

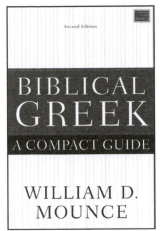

Biblical Greek: A Compact Guide, Second Edition by William D. Mounce is a handy, at-a-glance reference for students, pastors, and teachers. It follows the organization and format of the fourth edition of *Basics of Biblical Greek Grammar*, but it is also usable by students who learned with a different grammar. By limiting its discussion to the "nuts and bolts," Greek language students working on translation and exegesis will more quickly and easily find the relevant grammatical refreshers. Students can, for example, check on the range of meaning for a particular word or make sure they remember how aorist participles function in a sentence. The paradigms, word lists, and basic discussions in *Biblical Greek: A Compact Guide, Second Edition* points students in the right direction and allows them to focus on more advanced Greek study.

Available in stores and online!

Biblical Greek Laminated Sheet

William D. Mounce

Students of biblical Greek and Hebrew may not know everything they need to know, but they do know there's a lot they need to know! Whether studying for exams or translating passages of Scripture, students need critical information at their fingertips. Instead, it's usually scattered throughout textbooks, self-made crib sheets, and sticky notes on their computer monitor. Now there's a better way!

The *Biblical Greek Laminated Sheet* is a handy, at-a-glance study aid ideal for last minute review, a quick overview of grammar, or as an aid in translation or sermon preparation. The sheet contains four information-packed sheets that are laminated and three-hole-punched, making it both durable and portable. The laminated sheet is tied to *Basics of Biblical Greek Grammar* by William D. Mounce.

Basics of Biblical Greek Vocabulary Cards

William D. Mounce

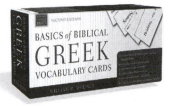

Basics of Biblical Greek Vocabulary Cards by William D. Mounce is intended to accompany the fourth edition of *Basics of Biblical Greek Grammar.* The vocabulary cards provide beginning students essential help in vocabulary acquisition of the Greek New Testament. Cards are numbered according to word frequency.

Features include:

- The number of times the word occurs in the New Testament
- Verbal roots
- Keyed to *Basics of Biblical Greek Grammar*

Available in stores and online!

Biblical Greek Survival Kit 2.0

William D. Mounce

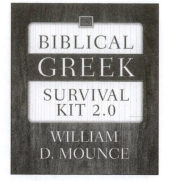

Be equipped for success in first year Greek, and save money! The *Biblical Greek Survival Kit 2.0* gives you the tools you need to succeed and it is a great value ($10 less than items purchased separately).

The kit includes:

- *Basics of Biblical Greek Vocabulary Cards*, including 1,000 vocabulary flashcards for studying.
- *Basics of Biblical Greek Vocabulary Audio*, a digital download from Olive Tree Bible Software, available through an access code, of audio pronunciations of the vocabulary from the grammar to help with vocabulary memorization and acquisition.
- *Biblical Greek Laminated Sheet*, for a quick reference guide to common language questions.

Available in stores and online!

A Graded Reader of Biblical Greek

William D. Mounce

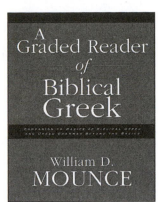

Making the leap from the basics of biblical Greek to its real-life application can be a frustrating challenge for students of intermediate Greek. *A Graded Reader of Biblical Greek* was developed to make the transition easier. It takes beginning exegetes from simple to progressively more difficult biblical texts. Students can now learn New Testament Greek the way they would any other language: through a graded program. *A Graded Reader of Biblical Greek* applies an inductive method to learning intermediate Greek grammar. It provides a workable introduction to exegesis, word studies, and developing a large vocabulary, and it assists the student in preparing for class, allowing classroom time to be put to its most effective use.

- Twenty Greek passages are presented in graded order.
- Difficult and unfamiliar grammatical constructions are explained.
- All words that occur fewer than 20 times in the New Testament are defined.
- An "Exegetical Discussion" section helps the exegete gain a deeper understanding of the language.

A Graded Reader of Biblical Greek is the result of ten years of use and refinement by the author in an actual classroom setting.

Available in stores and online!

The Morphology of Biblical Greek

William D. Mounce

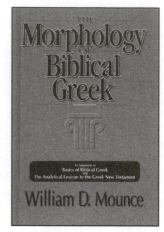

The Morphology of Biblical Greek explains, in a way second-year Greek students can understand, how Greek words are formed. It shows that Greek word formation follows a limited set of rules. Once these rules are understood, it becomes clear that forms which once seemed to be irregular or an exception actually follow these morphological rules. *The Morphology of Biblical Greek* has five parts: (1) The rules that determine how Greek words change. (2) The rules of verb formation, from augment to personal ending. (3) Paradigms for every type of noun and adjective form, with all the words that belong in each category and any peculiarities of a given word. (4) All the verbs and principal parts, with verbs that follow the same rules grouped together. (5) An index of all words in the New Testament with their morphological category. *The Morphology of Biblical Greek* contains the most complete set of paradigms for nouns, verbs, adjectives, and pronouns available for New Testament Greek.